Das Buch als Axt

Münchener Studien zur literarischen Kultur in Deutschland

Herausgegeben von
Oliver Jahraus

Gegründet von Renate von Heydebrand
Georg Jäger
Jürgen Scharfschwerdt

Band 42

PETER LANG
Frankfurt am Main · Berlin · Bern · Bruxelles · New York · Oxford · Wien

Harald Münster

Das Buch als Axt

Franz Kafka
differenztheoretisch lesen

PETER LANG
Internationaler Verlag der Wissenschaften

Bibliografische Information der Deutschen Nationalbibliothek
Die Deutsche Nationalbibliothek verzeichnet diese Publikation
in der Deutschen Nationalbibliografie; detaillierte bibliografische
Daten sind im Internet über http://dnb.d-nb.de abrufbar.

Umschlaggestaltung:
Atelier Platen, Friedberg

Gedruckt auf alterungsbeständigem,
säurefreiem Papier.

ISSN 0178-7640
ISBN 978-3-631-61133-3
© Peter Lang GmbH
Internationaler Verlag der Wissenschaften
Frankfurt am Main 2011
Alle Rechte vorbehalten.

Das Werk einschließlich aller seiner Teile ist urheberrechtlich
geschützt. Jede Verwertung außerhalb der engen Grenzen des
Urheberrechtsgesetzes ist ohne Zustimmung des Verlages
unzulässig und strafbar. Das gilt insbesondere für
Vervielfältigungen, Übersetzungen, Mikroverfilmungen und die
Einspeicherung und Verarbeitung in elektronischen Systemen.

www.peterlang.de

Für Cynthia

Danksagung

Der vorliegende Essay verdankt seine Entstehung der unaufhörlichen Unterstützung meiner Eltern, dem hilfreichen Zuspruch Johannes Johns sowie der großzügigen Förderung Oliver Jahraus', der als Herausgeber der „Münchener Studien zur literarischen Kultur in Deutschland" eine Veröffentlichung überhaupt erst möglich gemacht hat. Die philosophischen Überlegungen gehen auf Anregungen Thomas Kissers und John Caputos zurück. Ihnen allen sei auf diesem Wege mein ausdrücklicher Dank ausgesprochen.

Inhaltsverzeichnis

1. Einleitung 11
2. Kafka differenztheoretisch lesen 13
   - 2.1 Das Leben als ein Schweben: In der Zone der Ununterscheidbarkeit 18
   - 2.1.1 Inhaltliche Ununterscheidbarkeiten 19
   - 2.1.1.1 Zwittergestalten, Grenzfiguren und Zwischenwesen 19
   - 2.1.1.2 Geschichtslose Zeit und ortloser Raum 22
   - 2.1.1.3 Ununterscheidbarkeit von Amt und Leben: *Das Schloss* 26
   - 2.1.1.4 Ununterscheidbarkeit von Recht und Gewalt: *Der Process* 30
   - 2.1.2 Sprachliche bzw. erzählerische Indifferenzen 34
   - 2.1.2.1 Wiederholte Brechung und Infragestellung von Behauptungen 35
   - 2.1.2.2 Subversion von digitaler und analoger Ebene der Kommunikation 38
   - 2.1.2.3 Grammatikalische Ununterscheidbarkeit von erlebter Rede und Erzählbericht 41
   - 2.1.3 Zusammenfassung 44

Exkurs: Mit Kafka im Kino: Lynch mit Kafka sehen 49

   - 2.2 Das Unzerstörbare: „Grund-Ja" zum Leben 59
   - 2.2.1 Zum Begriff des „Unzerstörbaren" in Kafkas Aphorismen 59

2.2.2 Das Unzerstörbare als Undekonstruierbares:
Kafka mit Derrida lesen 61

2.2.3 Zusammenfassung 70

3. Schluss 74

Literaturverzeichnis 78

1. Einleitung

Die vorliegende Arbeit liest Franz Kafka differenztheoretisch. Unter „Differenztheorie" wird dabei allgemein jenes Verständnis von Theorie (samt den damit einhergehenden Konsequenzen) aufgefasst, wonach eine Differenz bzw. Unterscheidung konstitutiv ist für Wirklichkeitsbezug überhaupt – so etwa die sog. „ontologische Differenz" von Sein und Seiendem für die Philosophie[1], die Differenz von Signifikant und Signifikat für die Linguistik[2] oder die Unterscheidung von System und Umwelt für die Soziologie[3].

Aus diesem Grunde werden zunächst einige grundlegende Ergebnisse differenztheoretischen Denkens am Beispiel von Niklas Luhmann und Jacques Derrida kurz skizziert, um anschließend im ersten Teil der Arbeit die inhaltlich sowie sprachlich bzw. erzählerisch zentrale Struktur der *Un*unterscheidbarkeit bzw. *In*differenz in ausgewählten Erzählungen (z.B. *Die Brücke, Jäger Gracchus, Ein Bericht für eine Akademie, Die Verwandlung, Eine Kreuzung, Die Sorge des Hausvaters, Die Bäume*), Romanfragmenten (*Der Process, Das Schloss*) sowie Aphorismen Kafkas offenzulegen und in ihrer selbstreferentiellen Funktion für die Literatur zu rekonstruieren. Nach einem kurzen Exkurs über David Lynch, der gleichsam als „Kafka des Kinos" verschiedene Aspekte der Literatur des passionierten Kinogängers Franz Kafka im Medium des Films anschaulich macht, sollen im zweiten Teil der Arbeit darüber hinaus Kafkas Aphorismen (v.a. aus der Züraner Zeit) eingehender behandelt und vor dem Hintergrund der Dekonstruktion Derridas neu gelesen werden, um so den affirmativen Begriff des „Unzerstörbaren" ver-

---

1 Siehe Martin Heidegger: Identität und Differenz.
2 Siehe Ferdinand de Saussure: Grundfragen der allgemeinen Sprachwissenschaft, S.143ff.
3 Siehe Niklas Luhmann: Soziale Systeme, S. 22ff.

ständlich zu machen und rückwirkend in seiner Bedeutung für die differenztheoretischen Überlegungen des ersten Teils darzulegen.

Auf diese Weise hofft die Arbeit, nicht nur das Spezifische, d.h. das „Kafkaeske" der Literatur Kafkas (einschließlich seiner Aphorismen) genauer herauszuarbeiten, indem diese gegenüber einer bloßen „Ästhetik des Negativen" (im Sinne Karl-Heinz Bohrers) abgegrenzt wird, sondern auch die für die Kafkaforschung grundsätzliche Frage nach der Interpretierbarkeit bzw. *Un*interpretierbarkeit der Werke Kafkas zu klären.

2. Kafka differenztheoretisch lesen

Unser alltägliches Leben ist durch (relativ) stabile Unterscheidungen strukturiert – sei es die von Tag und Nacht, von Mann und Frau, von Arbeit und Freizeit, Traum und Wirklichkeit oder Recht und Unrecht. Differenztheoretisch ist dies durchaus nachvollziehbar; denn Erkennen selbst muss als eine unterscheidende Operation verstanden werden, die etwas bezeichnet, wie Niklas Luhmann deutlich macht:

> „Man kann auf die Frage: wie ist Erkennen möglich? antworten: durch Einführung einer Unterscheidung."[4] Der Erkenntnisakt besteht demnach darin, etwas zu bezeichnen: „Das Beobachten ist der operative Vollzug einer Unterscheidung durch Bezeichnung der einen (und nicht der anderen) Seite."[5]

Luhmann zufolge gehorcht also Beobachtung bzw. Erkenntnis immer zunächst dem „Einsatzbefehl"[6]: „Draw a distinction"[7]. Er ist, wie Luhmann festhält, die „Bedingung der Möglichkeit von Beobachtung"[8]. Insofern ist die Struktur der Differenz bzw. Unterscheidung konstitutiv für unseren Wirklichkeitsbezug überhaupt, so etwa die von Beobachter und Beobachtetem im Erkennen. Ohne sie würden wir unsere eigenen Operationen mit denen unserer Umwelt, Bewusstseinszustände mit äußeren Zuständen oder Wör-

---

4   Niklas Luhmann: Das Erkenntnisprogramm des Konstruktivismus und die unbekannt bleibende Realität, S. 34.
    Vgl. dazu sowie zum Folgenden Oliver Jahraus: Nachwort: Zur Systemtheorie Niklas Luhmanns, S. 318ff.
5   Niklas Luhmann: Die Wissenschaft der Gesellschaft, S. 84.
6   Niklas Luhmann: Die Paradoxie der Form, S. 247.
7   George Spencer-Brown: Laws of form, S. 3.
8   Niklas Luhmann: Dekonstruktion als Beobachtung zweiter Ordnung, S.294.

ter mit Sachen verwechseln[9]. Wir wären nicht in der Lage, die Unterscheidung von Selbstreferenz und Fremdreferenz vorzunehmen. Wir könnten nicht einmal äußere und innere Zustände miteinander vergleichen. Wir könnten den Beobachter nicht vom Beobachteten trennen, d.h. wir könnten schlichtweg keine Erkenntnis produzieren.

Jede Unterscheidung erzeugt aber eine „Form", bestehend aus dem, was unterschieden wurde (der Innenseite der Form) und allem anderen (der Außenseite der Form): „Eine Form ist also etwas, was zwei Seiten hat, die unterschieden werden."[10] Jede Form gibt es jedoch nur als „Form der Form", d.h. in der Beobachtung zweiter Ordnung; denn auf der Ebene der Beobachtung erster Ordnung weiß der Beobachter nicht von der Unterscheidung, die ihm sein Beobachten überhaupt erst ermöglicht. Als Theoriesprecher, der über das Phänomen der Form spricht, sind wir aber immer schon Beobachter zweiter Ordnung: Wir beobachten Beobachter. In der Beobachtung einer Form wird demnach eine Form (der Beobachtung erster Ordnung) in die Form (der Beobachtung zweiter Beobachtung), d.h. eine Unterscheidung in das Unterschiedene „wiedereingeführt", oder mit den Worten George Spencer-Browns ausgedrückt: ein „re-entry"[11] der Unterscheidung in die Unterscheidung vorgenommen:

> „Eine Unterscheidung markiert einen Bereich und wird dann in das durch sie Unterschiedene wiedereingeführt. Sie kommt dann doppelt vor: als Ausgangsunterscheidung und als Unterscheidung in dem durch sie Unterschiedenen. Sie ist dieselbe und nicht dieselbe. Sie ist dieselbe, weil der Witz des re-entry gerade darin besteht, dieselbe Unterscheidung rekursiv auf sich selbst anzuwenden; sie ist eine an-

---

9 Siehe Niklas Luhmann: Dekonstruktion als Beobachtung zweiter Ordnung, S. 281.
10 Niklas Luhmann: Die Paradoxie der Form, S. 244.
11 George Spencer-Brown: Laws of form, S. 69ff.

dere, weil sie in einen anderen, in einen bereits unterschiedenen Bereich eingesetzt wird."[12]

Dies bedeutet aber, dass die Form der Form immer nur als Paradoxie denkbar ist[13]. Die Form als Einheit der Unterscheidung, d.h. als „Tertium" (Drittes), um mit der klassischen, aristotelischen Logik zu sprechen, ist immer nur abwesend anwesend – sie ist das „eingeschlossene ausgeschlossene Dritte"[14], wie Luhmann sagt. Die Form ist somit jenes „Dritte", welches es nach der klassischen, zweiwertigen Logik nicht geben darf, wie Aristoteles betont:

> „Ebenso wenig aber kann es zwischen den beiden Gliedern des Widerspruchs etwas geben, sondern man muß notwendig jeweils Eines von Einem entweder bejahen oder verneinen."[15]

Für Luhmann zeichnet sich Erkenntnis deshalb durch eine paradoxale Struktur von Ermöglichung und Verunmöglichung aus: Beobachtung gibt es nur aufgrund der Verdeckung der sie ermöglichenden Unterscheidung.

Im Anschluss an Jacques Derrida lässt sich diese Struktur auch für die Sprache geltend machen[16]; denn die *différence* von *signifiant*

---

12   Niklas Luhmann: Die Wissenschaft der Gesellschaft, S. 379f.
13   Ähnlich meint schon Kant:
       „Denn das, was uns notwendig über die Grenze der Erfahrung und aller Erscheinungen hinaus zu gehen treibt, ist das Unbedingte, welches die Vernunft in den Dingen an sich selbst notwendig und mit allem Recht zu allem Bedingten, und dadurch die Reihe der Bedingungen als vollendet verlangt. Findet sich nun, wenn man annimmt, unsere Erfahrungserkenntnis richte sich nach den Gegenständen als Dingen an sich selbst, daß das Unbedingte ohne Widerspruch gar nicht gedacht werden könne" (Kritik der reinen Vernunft, B xx).
14   Niklas Luhmann: Individuum, Individualität, Individualismus, S. 199.
15   Aristoteles: Metaphysik IV 6, 1011b 39ff.
16   Darüber hinaus ließe sich die genannte Struktur u.a. auch für die Ontologie (in Form der sog. „ontologischen Differenz" von Sein und Seiendem) nachweisen – in den Worten Martin Heideggers: „Das Sein des Seienden ‚ist' nicht selbst ein Seiendes" (Sein und Zeit, S. 6).

und *signifié* ist immer schon eine *différance*, die als solche die Bedingung der Möglichkeit von Sprache ausmacht, wie Derrida betont:

> „Jeder Begriff ist seinem Gesetz nach in eine Kette oder in ein System eingeschrieben, worin er durch das systematische Spiel von Differenzen auf den anderen, auf die anderen Begriffe verweist. Ein solches Spiel, die *différance*, ist nicht einfach ein Begriff, sondern die Möglichkeit der Begrifflichkeit, des Begriffsprozesses und -systems überhaupt."[17]

Als solche ist sie selbst jedoch notwendig nicht wieder sprachlich verfasst, d.h. sprachlich ausdrückbar, da sie jeden sprachlichen Ausdruck überhaupt erst möglich macht bzw. von jedem sprachlichen Ausdruck immer schon in Anspruch genommen wird:

> „Die sogenannte phonetische Schrift kann prinzipiell und von Rechts wegen und nicht allein auf Grund einer technischen oder empirischen Unzulänglichkeit, nur funktionieren, wenn sie nicht-lautliche

---

Insofern bleibt das Sein des Seienden auch in seiner Wirklichkeitseröfffnung (grch. *aletheia*) durchzogen von Verschlossenheit (grch. *lethe*): „Wenn aber Seiendes ist und das gesagt wird, dann ist damit Seiendes offenbar. Was muß aber sein, daß Seiendes offenbar werden kann? Es muß das Nichts geben" (Einleitung in die Philosophie, S. 393). Das Nichts aber „ist das Nicht des Seienden und so das vom Seienden her erfahrene Sein. Die ontologische Differenz ist das Nicht zwischen Seiendem und Sein" (Vom Wesen des Grundes, S. 5).

Die ontologische Differenz von Sein und Seiendem entfaltet demnach eine Spannung von Erscheinung und Verdeckung: Aufgrund der ontologischen Differenz von Sein und Seiendem wird Seiendes überhaupt erst möglich, zugleich aber wird die Einheit der Differenz unfassbar: „Das Verhalten des Menschen ist durchstimmt von der Offenbarkeit des Seiendem im Ganzen. Dieses ‚im Ganzen' erscheint aber im Gesichtsfeld des alltäglichen Rechnens und Beschaffens als das Unberechenbare und Ungreifbare. Aus dem jeweils gerade offenbaren Seienden, gehöre dies in die Natur oder in die Geschichte, läßt es sich nie fassen" (Vom Wesen der Wahrheit, S. 21).
Siehe dazu auch Oliver Jahraus: Martin Heidegger, S. 98ff.

17 Jacques Derrida: Die différance, S. 40.

,Zeichen' (Interpunktion, Zwischenraum und so weiter) in sich aufnimmt, die sich, wie man rasch gewahr wird, untersucht man ihre Struktur und ihre Notwendigkeit, mit dem Zeichenbegriff kaum vereinbaren lassen. Vielmehr, das Spiel der Differenz als Bedingung der Möglichkeit des Funktionierens eines jeden Zeichens, woran Saussure nur zu erinnern brauchte, dieses Spiel ist selbst stumm. Unhörbar ist die Differenz zwischen zwei Phonemen die allein ihr Sein und Wirken als solche ermöglicht. Das Unhörbare eröffnet die zwei präsenten Phoneme, so wie sie sich präsentieren, dem Vernehmen. Gibt es also keine rein phonetische Schrift, so weil es keine rein phonetische *phone* gibt. Die Differenz, welche die Phoneme aufstellt und sie, in jedem Sinne des Wortes, vernehmbar macht, bleibt an sich unhörbar."[18]

Sprache zeichnet sich somit ebenso wie Erkenntnis durch eine paradoxale Struktur aus: Im Herzen der Sprache liegt, was Sprache selbst nicht ausdrücken kann[19] – die différance; und jeder Versuch, die Einheit der Differenz von Signifikant und Signifikat, d.h. von Lautbild und Vorstellung mitteilen zu wollen, würde Sprache unmöglich machen: Sobald man sie ausspricht, zerstört man sie – gleichsam wie bei Rumpelstilzchen, der sich in dem Moment zunichte macht, als die Königin seinen Namen ausspricht[20].

---

18   Jacques Derrida: Die différance, S. 33.
19   Siehe Graham Priest: Beyond the limits of thought, S. 223.
     Vgl. auch Benjamin Marius/Oliver Jahraus: Systemtheorie und Dekonstruktion, S. 44ff.
20   „,Heißt du etwa Rumpelstilzchen?' – ,Das hat dir der Teufel gesagt, das hat dir der Teufel gesagt' schrie das Männlein, und stieß mit dem rechten Fuß vor Zorn so tief in die Erde daß es bis an den Leib hineinfuhr, dann packte es in seiner Wut den linken Fuß mit beiden Händen, und riß sich selbst mitten entzwei" (Heinz Rölleke: Grimms Märchen, S. 73f.).

2.1 Das Leben als ein Schweben: In der Zone der Ununterscheidbarkeit

Während also die Differenztheorie die „Unterscheidung und Binarisierung als Grundoperation des Weltverhaltens"[21] herausstellt, scheint es sich jedoch mit den erzählten Welten Franz Kafkas anders zu verhalten. Dort verflüssigen sich gleichsam die für Wirklichkeit konstitutiven, stabilen Zwei-Seiten-Unterscheidungen. Sie gleichen insofern der Erfüllung jenes Wunsches Kafkas, wonach „das Leben zwar sein natürliches schweres Fallen und Steigen bewahre, aber gleichzeitig mit nicht minderer Deutlichkeit als ein Nichts, als ein Traum, als ein Schweben erkannt werde"[22]. Programmatisch dafür ist Kafkas kurzes Prosastück *Der Fahrgast*, wo es gleich zu Beginn heißt:

> „Ich stehe auf der Plattform des elektrischen Wagens und bin vollständig unsicher in Rücksicht meiner Stellung in dieser Welt, in dieser Stadt, in meiner Familie."[23]

Kafkas Werke zeichnen sich dadurch aus, dass sie das Verhältnis von Ich und Außenwelt zutiefst problematisch, d.h. *un*-eindeutig erscheinen lassen, indem sie gleichsam auf der Schwelle[24] von *un*unterscheidbaren Unterscheidungen stattfinden, die sowohl inhaltlich als auch sprachlich erzeugt werden wie nun im Folgenden am Beispiel ausgewählter Erzählungen sowie Romanfragmente gezeigt werden soll.

---

21 Norbert Bolz: Philosophie nach ihrem Ende, S. 171.
22 Franz Kafka: Tagebücher, S. 855.
23 Franz Kafka: Erzählungen, S. 39.
24 Interessanterweise leitet sich der Name Prags, der Stadt Kafkas, die ihn nicht losließ, von *práh*, d.h. „Schwelle", ab. Siehe Maria Carolina Foi: Prag als Literaturstadt, S. 130.

2.1.1 Inhaltliche Ununterscheidbarkeiten

2.1.1.1 Zwittergestalten, Grenzfiguren und Zwischenwesen

So finden sich in Kafkas Erzählungen Figuren, die als „*Grenzfiguren* bzw. *Zwischenwesen*"[25] keinen eindeutigen Unterscheidungen gehorchen, sondern sich vielmehr „als *Zwischen* selbst" zeigen: Die Brücke der gleichnamigen Erzählung etwa erscheint dem Leser als ein Mensch, der über einen Bach gespannt ist:

> „Ich war steif und kalt, ich war eine Brücke, über einem Abgrund lag ich. Diesseits waren die Fußspitzen, jenseits die Hände eingebohrt, in bröckelndem Lehm hatte ich mich festgebissen. Die Schöße meines Rockes wehten zu meinen Seiten."[26]

Wie die Brücke zwischen Mensch und Ding, so schwebt der Jäger Gracchus im Prosastück gleichen Titels zwischen Leben und Tod:

> „,Sind Sie tot?' ,Ja', sagte der Jäger, ,wie Sie sehen. Vor vielen Jahren, es müssen aber ungemein viel Jahre sein, stürzte ich im Schwarzwald – das ist in Deutschland – von einem Felsen, als ich eine Gemse verfolgte. Seitdem bin ich tot.' ,Aber Sie leben doch auch', sagte der Bürgermeister. ,Gewissermaßen', sagte der Jäger, ,gewissermaßen lebe ich auch'."[27]

In ähnlicher Weise ist auch der Affe Rotpeter in *Ein Bericht für eine Akademie* ein Zwitter, ein Grenzwesen zwischen Tier und Mensch, das zwischen „Affenwahrheit" und „Menschenworten" schwankt, wenn es seine Entwicklung vom Affen zum Menschen schildert:

> „Ich kann natürlich das damals affenmäßig Gefühlte heute nur mit Menschenworten nachzeichnen und verzeichne es infolgedessen, aber wenn ich auch die alte Affenwahrheit nicht mehr erreichen

---

25 Hyun Kang Kim: Ästhetik der Paradoxie, S. 110.
26 Franz Kafka: Erzählungen, S. 217.
27 Franz Kafka: Erzählungen, S. 220.

kann, wenigstens in der Richtung meiner Schilderung liegt sie, daran ist kein Zweifel."[28]

Im Unterschied dazu findet sich Gregor Samsa in Kafkas Erzählung *Die Verwandlung* im Körper eines „ungeheueren Ungeziefer[s]"[29] wieder: „das Bewußtsein eines Handlungsreisenden im Körper eines Riesenkäfers"[30]. Ebenso ununterscheidbar scheint das „eigentümliche[] Tier, halb Kätzchen, halb Lamm"[31] aus *Eine Kreuzung*:

> „Es ist ein Erbstück aus meines Vaters Besitz. Entwickelt hat es sich aber doch erst in meiner Zeit, früher war es viel mehr Lamm als Kätzchen. Jetzt aber hat es von beiden wohl gleich viel. Von der Katze Kopf und Krallen, vom Lamm Größe und Gestalt; von beiden die Augen, die flackernd und wild sind, das Fellhaar, das weich ist und knapp anliegt, die Bewegungen, die sowohl Hüpfen als auch Schleichen sind."

All diese „Zwittergestalten"[32] können uns nur paradox erscheinen, da mit ihnen der differenztheoretische Grundsatz *Omnis determinatio est negatio*[33], wonach „[m]an [...] nichts deutlich [denkt], und [...] nichts deutlich denken [kann], ohne sein Gegenteil zugleich mitzudenken"[34], d.h. ohne eine Unterscheidung zu treffen, auf eklatante Weise unterlaufen wird. Im Anschluss an unsere oben begonnenen differenztheoretischen Ausführungen wissen wir jedoch, dass es zu einer Unterscheidung gehört, dass man nie beide Seiten zugleich benutzen kann. Man kann zwar die Perspektive wechseln und auch von der anderen Seite her beobachten, aber immer erst danach wie Niklas Luhmann betont:

---

28   Franz Kafka: Erzählungen, S. 203.
29   Franz Kafka: Erzählungen, S. 67.
30   Axel Sanjosé: Franz Kafka: Zum Werk, S. 19.
31   Franz Kafka: Erzählungen, S. 241.
32   Sonja Dierks: Es gibt Gespenster, S. 61.
33   Siehe Baruch de Spinoza: Briefwechsel, S. 210.
34   Johann Gottlieb Fichte: Wissenschaftslehre nova methodo, S. 36.

> „Die Unmöglichkeit, die Unterscheidung zu unterscheiden, mit der
> man unterscheidet, ist eine Grundbedingung des Erkennens
> schlechthin. Ob die Wahl der Unterscheidung mit latenten Interes-
> sen korreliert, ist eine Frage, die erst auf der Ebene der Beobachtung
> zweiter Ordnung auftritt."[35]

Insofern bleibt die bei jedem Akt des Erkennens sowie Sprechens und auch Schreibens verwendete Unterscheidung selbst immer unbeobachtet, d.h. blind, bzw. unausgesprochen, d.h. stumm, was als solches die Bedingung der Möglichkeit von Erkenntnis und Sprache ausmacht:

> „Wie uns die heute weitgehend akzeptierte operative Epistemologie
> lehrt, findet alles Beobachten in der Welt statt als ein seinerseits be-
> obachtbarer Vorgang; setzt alles Beobachten ein Grenzziehung vo-
> raus, über die hinweg der Beobachter etwas anderes (und gegebenen-
> falls sich selber als anderen) beobachten kann; konstituiert alles Be-
> obachten also die Unvollständigkeit von Beobachtungen, indem es
> sich selbst und die für es konstitutive Differenz der Beobachtung ent-
> zieht; muß Beobachten sich also auf einen blinden Fleck einlassen,
> dank dessen es etwas (aber nicht alles) sehen kann. Eine Welt, die
> darauf eingerichtet ist, sich selber zu beobachten, zieht sich in die
> Unbeobachtbarkeit zurück. Oder in traditioneller Terminologie for-
> muliert: Die Unbeobachtbarkeit der Operation des Beobachtens ist
> die transzendentale Bedingung seiner Möglichkeit."[36]

Insofern ist die für das Erkennen, Sprechen und auch Schreiben konstitutive Unterscheidung selbst ununterscheidbar und jegliche Bestimmung derselben als Unterscheidung immer nur als Paradoxie denkbar:

> „Wer beide Seiten zugleich verwenden will, verstößt gegen den Sinn
> der Unterscheidung. Es geht nicht, es liefe auf eine Paradoxie hinaus.

---

35 Niklas Luhmann: Das Erkenntnisprogramm des Konstruktivismus und die unbekannt bleibende Realität, S. 47.
36 Niklas Luhmann: Die Kunst der Gesellschaft, S. 95f.

Denn man müsste dann in einem Zuge das Verschiedene als dasselbe bezeichnen."³⁷

Im Rahmen der klassischen Logik des Aristoteles entspräche die ununterscheidbare Unterscheidung als solche dem Dritten, das es nach dem basalen Prinzip vom ausgeschlossenen Dritten nicht geben darf, wie wir bereits oben festgestellt haben: *Tertium non datur*.

2.1.1.2 Geschichtslose Zeit und ortloser Raum

Diese Indifferenz trifft bei Kafka jedoch nicht nur auf die Protagonisten etlicher Erzählungen zu, sondern auch auf die Zeit und den Raum der jeweiligen erzählten Welten. So erscheinen die Dichtungen Kafkas „auf einen ersten Blick hin eigenartig geschichts*los*"³⁸, wie Beda Allemann feststellt:

> „Zwar tauchen in ihnen gelegentlich Apparate der technischen Zivilisation auf wie Automobile oder Telefone, aber im übrigen scheinen sie, wie man mit Recht bemerkt hat, in einer Art von zeitlosem Mittelalter zu spielen, das sich historisch nicht weiter lokalisieren läßt. Es kommt hinzu, daß Kafka auch den Zeitangaben im speziellen keinen großen Wert beizumessen scheint. Stellenweise ist er ‚nachlässig' und bringt die Jahreszeiten durcheinander. Präzise Datierungen sind selten. Vor allem verzichtet Kafka aber darauf, mit dem Zeitbewußtsein zu manipulieren, wie wir das aus andern modernen Romanen, etwa aus Thomas Manns ‚Zauberberg' oder aus Prousts ‚Recherche du temps perdu' gewohnt sind. Seine Erzählungen laufen in einer näher nicht bestimmten Zeit ab, ohne kunstvolle Rückgriffe in die erzählerische Vorvergangenheit und ohne ahnungsvolle Ausblicke in die Zukunft."

---

37 Niklas Luhmann: Die Paradoxie der Form, S. 247.
38 Beda Allemann: Stehender Sturmlauf, S. 20.

Aus diesem Grunde finden sich in Kafkas Werken zahlreiche Phänomene, die unserem gewohnten Zeitverständnis unverständlich erscheinen oder diesem gar zuwiderlaufen, wie Allemann erklärt:

> „Es sei nur vorausgreifend an die merkwürdige Tatsache erinnert, daß in dem Dorf, in welchem der ‚Schloss'-Roman spielt, ständig tiefster Winter zu herrschen scheint und von Sommertagen nur wie von einer fernen, halbverschollenen Sage gesprochen wird. Oder daß in der Mitte des ‚Prozeß'-Romans eine Szene [„Der Prügler"; H.M.] steht, die in eine merkwürdige Art von Leerlauf geraten zu sein scheint, indem die Folterung der beiden Wächter, die in ihr beschrieben wird, auch am nächsten Tag noch unverändert andauert, zum Entsetzen des Helden K., der auf ein so grausames Perpetuum mobile nicht gefaßt war."[39]

Allemann veranschaulicht den spezifischen Zeitbegriff im Werk Kafkas mit der paradoxen Metapher der „*stehenden Bewegung*", die sich in abgewandelter Form in Kafkas Tagebüchern findet, etwa als „stehende[s] Marschieren"[40] oder als „stehende[r] Sturmlauf"[41]. An anderer Stelle spricht Kafka auch vom „immerwährenden Augenblick"[42], der für Allemann schließlich die „eigentümliche Zeitstruktur"[43] einer geschichtslosen Zeit auf den Punkt bringt:

> „Sie liegt der auffallenden Erscheinung zugrunde, daß die Helden Kafkas prinzipiell in einer ausweglosen Situation stehen, trotz aller Anstrengungen ihr Ziel nie erreichen und stets wieder auf ihren Ausgangspunkt zurückgeworfen werden. Das gilt für die Handlungen dieser Helden, es gilt auch für die Gespräche, die sie führen und die samt und sonders in einem ausgeprägten Sinne ergebnislos sind, weil jedes Ergebnis, das sich abzuzeichnen beginnt, von einer andern Sei-

---

39 Beda Allemann: Stehender Sturmlauf, S. 21.
40 Franz Kafka: Tagebücher, S. 887.
41 Franz Kafka: Tagebücher, S. 259f.
42 Franz Kafka: Nachgelassene Schriften und Fragmente II, S. 34.
43 Beda Allemann: Stehender Sturmlauf, S. 24.

te gleich wieder in Frage gestellt wird. Das scheinbar Mögliche erweist sich immer wieder als unerreichbar."[44]

Jene „temporale Indifferenz"[45] zeigt sich ferner daran, dass innerhalb der erzählten Welten Kafkas sowohl die Vergangenheit als auch die Zukunft im Grunde verschlossen sind, wir als Leser uns also „von vornherein in der Dimension des immerwährenden Augenblicks"[46] befinden:

> „Der Eintritt in diese Dimension vollzieht sich mit dem ersten Satz der Erzählung, mit jenem Erwachen des Gregor Samsa in einer radikal veränderten Verfassung, welches bereits das Erwachen des Josef K. am Morgen seines 30. Geburtstags vorausnimmt, das am Beginn des ‚Prozeß'-Romans steht. In beiden Fällen setzt dieses Erwachen einen absoluten Nullpunkt, vor welchem keine nennenswerte Vergangenheit liegt. Tatsächlich gilt es zu beachten, daß innerhalb der spezifischen Werkwelt Kafkas nicht nur die Zukunft im üblichen Sinne, sondern auch die Vergangenheit unzugänglich bleibt."[47]

---

44   Ähnlich meint auch Richard Thieberger im Anschluss an Heinz Politzer (Franz Kafka, der Künstler, S. 359ff.), dass „[d]ie Kafkaschen Helden [...] in einem zeitlosen Milieu herum[tappen] und [...] keinen Weg, keinen Ausweg finden [können], weil es weder im Raum noch in der Zeit eine Richtung gibt. Romankapitel lassen sich fast in beliebiger Reihenfolge anordnen, weil sie immer wieder die unentwirrbare Lage schildern und abwandeln" (Hartmut Binder: Kafka-Handbuch 2, S. 190).
45   Beda Allemann: Stehender Sturmlauf, S. 29.
46   Beda Allemann: Stehender Sturmlauf, S. 28.
47   Allemann weist in diesem Zusammenhang darauf hin, dass im Gegensatz dazu das früheste Romanfragment Kafkas, *Amerika* bzw. *Der Verschollene*, „in seiner Struktur noch viel eher einem konventionellen Roman gleicht. Hier hat denn auch der Held, Karl Rossmann, durchaus eine Vorgeschichte, die vor den Romanbeginn zurückreicht. Es ist die Geschichte gleichsam seines privaten Sündenfalls, seiner Verführung nämlich durch ein Dienstmädchen, das dann ein Kind von ihm bekommen hat, weshalb er von seinen Eltern nach Amerika geschickt wird. Einen solchen lokalisierbaren Sündenfall des Helden

Im *Process* scheitern sämtliche Versuche Josef K.s, die Geschichte seiner Verhaftung bzw. seiner Anklage aufzuklären, so dass es laut Allemann „kein Zufall [ist], daß beim Gericht selbst Meinungsverschiedenheiten darüber bestehen, ob ein bestimmter Prozeß überhaupt schon begonnen habe oder nicht. Eine ähnliche temporale Indifferenz herrscht im ‚Schloss', wo die Boten der Behörde nicht zu sagen wissen, ob eine mit Spannung erwartete Nachricht der zuständigen Stelle in Wirklichkeit nicht vielleicht schon viele Jahre alt ist"[48].

Ähnliches lässt sich mit Els Andringa auch über den *Raum* in Kafkas Erzählwelten sagen:

„Wie oft verlieren nicht Kafkas Figuren die räumliche Orientierung und irren durch Gänge, an Wänden entlang, durch unbekannte Städte, in Dachböden, Archiven? Wenn man auch in den Räumlichkeiten das alte Prag, die kaiserliche Burg, die Archive der Arbeiterunfallversicherungsanstalt oder die Anordnung der Osteuropäischen Wohnungen wiederzuerkennen meint – und ohne Zweifel sind Kafkas eigene Raumerlebnisse in seine Arbeiten eingegangen –, ist doch die erzählerische Entfaltung der Räume durch die an die Figuren gebundenen Perspektiven und die damit zusammenhängende Desorientierung von einer konkreten Raumvorstellung losgelöst. Die dargestellte Welt wird sowohl räumlich als auch zeitlich gleichsam unlokalisierbar."[49]

Denn für Kafka ist das – nach Jurij Lotman – „wichtigste[] topologische Merkmal des Raumes"[50], d.i. die Grenze, im Sinne von Abgrenzbarkeit (in Form von Oppositionen wie distinkt/indistinkt, oben/unten oder innen/außen), „keineswegs selbstverständlich gegeben"[51], wie Stefan Gradmann bemerkt. Stattdessen erscheint der

---

gibt es weder im ‚Prozeß'- noch im ‚Schloß'-Roman" (Stehender Sturmlauf, S. 28f.).
48 Beda Allemann: Stehender Sturmlauf, S. 29f.
49 Els Andringa: Die Facette der Interpretationsansätze, S. 333.
50 Jurij Lotman: Die Struktur literarischer Texte, S. 327.
51 Stefan Gradmann: Topographie/Text, S. 138.

Raum bei Kafka (v.a. im *Schloss*) vielmehr als „aporetisch-verworrene[s] Raumknäuel"[52], d.h. als ortloser Raum.

Wenngleich sich zwar in einigen Werken Kafkas explizite Hinweise auf Orte bzw. Länder finden (z.B. Petersburg bzw. Russland im *Urteil*, der Schwarzwald bzw. Deutschland im *Jäger Gracchus* oder New York bzw. Amerika in *Der Verschollene*), so spielen doch die Geschichten selbst „in demselben raumlosen Raum", dessen „Fugen [so gründlich] verstopft [sind], daß man zusammenzuckt, wenn einmal etwas erwähnt wird, was nicht in ihm seinen Ort hat, wie Spanien und Südfrankreich an einer Stelle des Schlosses, während ganz Amerika, als imago des Zwischendecks, jenem Raum einverleibt ist"[53], wie Theodor W. Adorno schreibt.

Wir finden bei Kafka somit eine „strukturell angelegte Geschichts- und Ortlosigkeit"[54] vor, die genau jener basalen Struktur der Ununterscheidbarkeit entspricht, die wir bereits oben differenztheoretisch rekonstruiert haben.

2.1.1.3 Ununterscheidbarkeit von Bürokratie und Lebenswelt: *Das Schloss*

Zusammen mit den o.g. Grenzfiguren, Mischwesen und Zwittergestalten, die man als „Figuren des Dritten" (im Sinne einer *indifferenten Differentialität*) charakterisieren kann, lassen die geschichtslose Zeit sowie der ortlose Raum Kafkas Werke als „Zonen der Ununterscheidbarkeit"[55] erscheinen, die abschließend am Bei-

---

52 Stefan Gradmann: Topographie/Text, S. 135.
    Für anschauliche Beispiele sowie eine ausführliche Erläuterung des Begriffs des „aporetischen Raums" bei Kafka siehe Stefan Gradmann: Topographie/Text, S. 132-200.
53 Theodor W. Adorno: Aufzeichnungen zu Kafka, S. 268.
54 Els Andringa: Die Facette der Interpretationsansätze, S. 333.
55 Vgl. Gilles Deleuze: Bartleby, S. 14.

spiel der Romanfragmente *Das Schloss* und *Der Process* näher benannt und erläutert werden sollen.

So ist die *Un*unterscheidbarkeit von Bürokratie und Lebenswelt bzw. Schloss und Dorf[56] zentral für Kafkas Romanentwurf *Das Schloss*:

> „Nirgends noch hatte K. Amt und Leben so verflochten gesehen wie hier, so verflochten, daß es manchmal scheinen konnte, Amt und Leben hätten ihre Plätze gewechselt. Was bedeutet z.B. die bis jetzt nur formelle Macht welche Klamm über K.'s Dienst ausübte, verglichen mit der Macht die Klamm in K.'s Schlafkammer in aller Wirklichkeit hatte."[57]

Kafka veranschaulicht auf diese Weise die „grundsätzliche Ambiguität der bürokratischen Ordnung"[58], wonach die objektive Regelhaftigkeit jeglicher Bürokratie immer schon ein gewisses Maß an subjektiver Indetermination bzw. Ungewissheit in sich trägt, wie Pierre Bourdieu erklärt:

> „Im bürokratischen Vertrag ist nicht alles vertragsgemäß: Das Regelwerk zur Festlegung der Aufgaben des Untergebenen definiert gleichzeitig die Grenzen des Ermessens des Herrschenden. Hier wird die grundsätzliche Ambiguität des Rechts deutlich: Ebenso, wie es schwer ist, sich gegen die praktischen Regelhaftigkeiten oder die stillschweigenden Anordnungen eines Universums wie der Familie zu wehren, wo die ethischen Zwänge im wesentlichen implizit sind und in den obskuren Tiefen des ‚das ist selbstverständlich' verbleiben, ist es andererseits auch möglich, dass sich eine explizite Vorschrift durch unterschiedliche Auslegung von einer Anweisung (der Beamte hat die Unterlagen innerhalb von acht Tagen zurückzusenden) in einem Anspruch auf ein Recht (der Beamte hat acht Tage Zeit, die Unterlagen zurückzusenden) wandelt. Die Vorschrift als Instrument zur Einschränkung des Handlungsspielraums der Ausführenden, die angibt, was man zu tun und zu lassen hat, schränkt, insoweit sie der In-

---

56 Siehe Theodor W. Adorno: Aufzeichnungen zu Kafka, S. 272.
57 Franz Kafka: Das Schloß, S. 73.
58 Pierre Bourdieu: Das Recht und die Umgehung des Rechts, S. 24.

terpretation und *Anwendung* (im Sinn Gadamers) unterliegt, ebenso die Macht des Vorgesetzten, des Herrschenden ein und setzt durch die Definition dessen, was er verlangen darf, seinem Ermessen und dem Machtmissbrauch Grenzen."

Insofern hängt die Objektivität des Verwaltungshandelns grundsätzlich von den subjektiven Handlungsträgern ab, die für die Anwendung bzw. Nicht-Anwendung der jeweiligen Vorschriften verantwortlich sind. Jede bürokratische Ordnung eröffnet laut Bourdieu ihren Agenten demnach einen Handlungsspielraum, „den sie, entsprechend ihrer ‚subjektiven' Dispositionen, nutzen können oder auch nicht [...]: Im Unterschied zum simplen Räderwerk eines Apparates können sie – zumindest soweit ihre Dispositionen sie dazu veranlassen – grundsätzlich zwischen Kadavergehorsam und Ungehorsam (oder Widerstand und Trägheit) wählen, und dieser *mögliche Handlungsspielraum* bietet ihnen die Gelegenheit, um den Preis für ihren Gehorsam bzw. ihre Zustimmung zu feilschen und zu verhandeln"[59]. Folglich kennt jede bürokratische Ordnung einen legitimen bzw. durch die Vorschriften selbst gestatteten Verstoß gegen die Ordnung, bei dem „es sich nicht um ein simples Versagen der bürokratischen Logik [handelt]"[60], wie Bourdieu deutlich macht:

> „[E]r ist vielmehr sachlich und rechtlich in der Idee der Vorschrift selbst verortet. Sachlich, da – wie präzise die Vorschriften zur Anwendung der Vorschriften (und insbesondere die entsprechenden *Rundschreiben*, die von den ‚rédacteurs de l'administration centrale' (Redakteuren der Zentralverwaltung) an die Adresse der ausführenden Organe der ‚services extérieures' (Außendienststellen) gerichtet werden) auch sein mögen – unmöglich alle eventuell auftretenden Fälle und Situationen darin berücksichtigt werden können und, falls dies doch möglich wäre, ihre ‚Ausführung' unmöglich wäre. [...] Rechtlich, da die legitime Abweichung von der bürokratischen Vor-

---

59   Pierre Bourdieu: Das Recht und die Umgehung des Rechts, S. 23.
60   Pierre Bourdieu: Das Recht und die Umgehung des Rechts, S. 27.

schrift in der Form offizieller oder offiziöser Berufungsinstanzen in der Logik der bürokratischen Institution selbst verortet sein kann, die es, mittels der von ihnen instituierten Teilung der Herrschaftsarbeit, der hierarchisch übergeordneten und somit über einen höheren Grad der Freiheit verfügenden Institution ermöglichen, aus der vorschriftsgebundenen Rigidität der unteren Ebene *symbolischen Gewinn zu ziehen*: etwa durch den – über die Normen der sozialen Rekrutierung der verschiedenen Posten in den Habitus verorteten – Gegensatz zwischen dem Oberst als ‚Vater des Regiments' und dem Adjutanten, zwischen dem ‚proviseur' (Schulleiter) und seinem ‚censeur' (etwa: Assistent des Schulleiters), zwischen Lehrer und ‚pion' (etwa Hilfskraft zur Beaufsichtigung der Schüler), zwischen Arzt und Krankenpfleger (vor allem in der Psychiatrie), zwischen Richter und Polizeibeamten etc."[61]

Mit dieser fundamentalen Ambiguität bürokratischer Ordnung wird K. im *Schloss* unmittelbar konfrontiert, indem er den subjektiven, bisweilen willkürlich erscheinenden Ausführungen der „lückenlosen amtlichen Organisation"[62] des Schlosses in Gestalt der Dorfbewohner und Beamten voll ausgesetzt ist. So wird schließlich durch das ganze Romanfragment hindurch jene Differenz bzw. *Indifferenz* von amtlicher Bürokratie und privater Lebenswelt reflektiert[63], was zu einer zunehmenden Verunsicherung und Verzweiflung bei K. führt[64].

Insofern eröffnet das Schloss die „so große fast unglaubwürdige Welt"[65] der bürokratischen Ordnung, die sich aufgrund jener Paradoxie konstituiert, wonach die Objektivität des Verwaltungshandelns gerade von Personen mit all ihren subjektiven Dispositionen ausgeführt wird, was schließlich auch die Tatsache erklärt, dass „die bürokratische Maschinerie des Schlosses seltsam unwirksam

---

61   Pierre Bourdieu: Das Recht und die Umgehung des Rechts, S. 27f.
62   Franz Kafka: Das Schloß, S. 332.
63   So z.B. S. 5, 6, 62, 73, 82, 245 und 327.
64   So etwa S. 216, 217, 223, 226, 227.
65   Franz Kafka: Das Schloß, S. 271.

und korrupt und ihr offizielles Eingreifen entweder sinnlos oder überflüssig [ist]"[66], wie Richard Sheppard meint, und K. schon früh zur Bemerkung verleitet: „Das waren zweifellose Widersprüche, sie waren so sichtbar daß sie beabsichtigt sein mußten."[67]

2.1.1.4 Ununterscheidbarkeit von Recht und Gewalt: *Der Process*

In ähnlicher Weise bleibt der große Gerichtsorganismus in Kafkas Romanfragment *Der Process* „ewig in der Schwebe"[68]: Die vertraute Unterscheidung von Recht und Rechtlosigkeit ist aufgelöst, als Josef K. „ohne daß er etwas Böses getan hätte, [...] eines Morgens verhaftet [wurde]"[69] und so den ganzen Prozess (sowie den Roman selbst) überhaupt erst in Gang setzt. Denn: „K. lebte doch in einem Rechtsstaat, überall herrschte Friede, alle Gesetze bestanden aufrecht, wer wagte ihn in seiner Wohnung zu überfallen?"[70]

Dieser Ausnahmezustand der Rechtlosigkeit des Rechts wird später im Domkapitel wieder aufgenommen, wenn der Gefängniskaplan Josef K. zur Frage nach der Täuschung (und damit der Wahrheit) des Gerichts, d.h. des Rechts, aus „den einleitenden Schriften zum Gesetz"[71] vorträgt. Jene Parabel – von Kafka selbst noch zu Lebzeiten unter dem Titel *Vor dem Gesetz* veröffentlicht – ließe sich als Reflexion über das Gesetz verstehen, das wir gleichsam vor uns stellen, um es als solches näher betrachten zu können. Demnach bedarf das Gesetz eines Außen, um sich – als „das Innere" – davon zu unterscheiden und sich so selbst zu bestimmen. Da-

---

66 Hartmut Binder: Kafka-Handbuch 2, S. 466.
67 Franz Kafka: Das Schloß, S. 31f.
68 Franz Kafka: Der Proceß, S. 126.
69 Franz Kafka: Der Proceß, S. 9.
70 Franz Kafka: Der Proceß, S. 12.
71 Franz Kafka: Der Proceß, S. 226.

bei wird die Unterscheidung zwischen Innen und Außen des Gesetzes durch den Türhüter markiert, der – als „Diener des Gesetzes"[72] – die Schwelle zwischen Gesetz (Innen) und Gesetz-Losigkeit (Außen: *vor* dem Gesetz) besetzt. Mit Giorgio Agamben gesprochen befinden wir uns in *Vor dem Gesetz* (wie im gesamten *Process*) somit in einem rechtlichen Ausnahmezustand – „zugleich außerhalb und innerhalb der Rechtsordnung"[73] – nämlich auf der „Schwelle der Ununterscheidbarkeit [...] zwischen Gewalt und Gesetz"[74]. Damit legt aber die kurze Ausführung des Geistlichen implizit das Wesen des Rechts offen, welches darin besteht, „nur durch eine Beschlagnahme der Anomie bestehen zu können"[75], so dass der Ausnahmezustand als konstitutive Dimension des Rechts selbst erscheint.

Denn der Versuch, Souveränität zu denken, sieht sich unausweichlich mit einem grundlegenden Problem konfrontiert, das Giorgio Agamben im Anschluss an Carl Schmitts *Politische Theologie*[76] als „Paradox der Souveränität" bezeichnet:

„Das Paradox der Souveränität drückt sich so aus: ,Der Souverän steht zugleich außerhalb und innerhalb der Rechtsordnung.' Wenn derjenige souverän ist, dem die Rechtsordnung die Macht zuerkennt, den Ausnahmezustand auszurufen und auf diese Weise die geltende Ordnung aufzuheben, dann ,steht' er in der Tat ,außerhalb der normal geltenden Rechtsordnung und gehört doch zu ihr, denn er ist zuständig für die Entscheidung, ob die Verfassung in toto suspendiert werden kann'. Die Präzisierung ,zugleich' ist mitnichten trivial: Der Souverän, der die legale Macht innehat, die Geltung des Rechts aufzuheben, setzt sich legal außerhalb des Rechts. Das bedeutet, dass das Paradox auch so formuliert werden kann: ,Das Recht ist außer-

---

72 Franz Kafka: Der Proceß, S. 233.
73 Giorgio Agamben: Homo sacer, S. 25.
74 Giorgio Agamben: Homo sacer, S. 46.
75 Giorgio Agamben: Ausnahmezustand, S. 72.
76 Siehe Carl Schmitt: Politische Theologie, S. 19.

halb seiner selbst', oder: ‚Ich, der Souverän, der ich außerhalb des Rechts stehe, erkläre, dass es kein Außerhalb des Rechts gibt.'"[77]

So sind sowohl der Mann vom Lande als auch Josef K. einer *willkürlichen, unberechenbaren Gewalt*[78] (in Form des Verbotes des Türhüters bzw. der Anklage durch das Gericht) ausgesetzt, von der letztlich nur der Tod (im Falle des Mannes vom Lande) bzw. der Selbstmord (im Falle Josef K.s) befreit. Zusammenfassend lässt sich Kafkas *Vor dem Gesetz* (und ebenso *Der Process* insgesamt) insofern als eine differenztheoretische Erörterung des Rechts verstehen, wonach sich das Recht notwendig im Unterschied zum Unrecht bestimmt und so unweigerlich eine Zone der Ununterscheidbarkeit von Recht und Unrecht etabliert. Wir blicken mit Kafka somit gleichsam *hinter* die Unterscheidung Recht/Unrecht – „den eigentlichen, jedes aufgeschriebene Gesetz transzendierenden Code der Moderne"[79] – und sehen die „Fratze des gesetzlosen (Un)Rechts" in Form des Ausnahmezustands. Dieser verweist schließlich auf „[d]as Paradox der Unterscheidung der Unterscheidung von Recht und Unrecht"[80], wie Rainer Maria Kiesow im Anschluss an die Systemtheorie Niklas Luhmanns erklärt, welches die

---

77 Giorgio Agamben: Homo sacer, S. 25.
78 Im *Process* drückt sich diese etwa darin aus, dass Josef K. eines Morgens verhaftet wurde „ohne daß er etwas Böses getan hätte" (S. 9) und obwohl er in einem Rechtsstaat lebte (S. 12). In ähnlicher Weise manifestiert sie sich in *Vor dem Gesetz* in der Macht des Türhüters, der dem Mann vom Lande einerseits den Zugang zum Gesetz verwehrt („‚Es ist möglich', sagt der Türhüter, ‚jetzt aber nicht'"; Erzählungen, S. 178), ihn jedoch andrerseits dazu auffordert einzutreten („Wenn es Dich so lockt, versuche es doch, trotz meines Verbotes hineinzugehn"), um abschließend festzustellen: „Hier konnte niemand sonst Einlaß erhalten, denn dieser Eingang war nur für Dich bestimmt. Ich gehe jetzt und schließe ihn" (Erzählungen, S. 179).
79 Rainer Maria Kiesow: Das Alphabet des Rechts, S. 59.
80 Rainer Maria Kiesow: Das Alphabet des Rechts, S. 58.

Frage mit sich führt, ob „die Unterscheidung von Recht und Unrecht mit Recht oder mit Unrecht getroffen worden [ist]".

Für Luhmann selbst „kann man das Problem an der verbleibenden Anomalie des Notwehr-/Notstandsrechts wiedererkennen. Es bleiben Restfälle, Grenzfälle, in denen das Recht es unter rechtlich geregelten Bedingungen erlaubt, gegen das Recht zu verstoßen. Und nicht zufällig sind dies Fälle, in denen die Anwendung physischer Gewalt erlaubt und der rechtstypische Verweis auf ein Gerichtsverfahren ausgeschaltet wird. *Immer wo Gewalt im Spiel ist, erscheint auch die Paradoxie der rechtlichen Codierung – aber in einer Form, die sogleich rechtsintern entfaltet, durch Konditionierungen geregelt und damit als Paradoxie invisibilisiert wird.*"[81]

Insofern ist das Paradox der rechtlichen Codierung *konstitutiv* für jegliche Form von Rechtsetzung überhaupt, was unmittelbar in die Feststellung Walter Benjamins mündet, „dass eine völlig gewaltlose Beilegung von Konflikten niemals auf einen Rechtsvertrag hinauslaufen kann. Dieser nämlich führt, wie sehr er auch friedlich von den Vertragschließenden eingegangen sein mag, doch zuletzt auf mögliche Gewalt. Denn er verleiht jedem Teil das Recht, gegen den anderen Gewalt in irgendeiner Art in Anspruch zu nehmen, falls dieser vertragsbrüchig werden sollte. Nicht allein das: wie der Ausgang, so verweist auch der Ursprung jeden Vertrags auf Gewalt. Sie braucht als rechtsetzende zwar nicht unmittelbar in ihm gegenwärtig zu sein, aber vertreten ist sie in ihm, sofern die Macht, welche den Rechtsvertrag garantiert, ihrerseits gewaltsamen Ursprungs ist, wenn nicht eben in jenem Vertrag selbst durch Gewalt eingesetzt wird. Schwindet das Bewußtsein von der latenten Anwesenheit der Gewalt in einem Rechtsinstitut, so verfällt es"[82].

Dieser Gedankengang ließe sich zu einer Dekonstruktion des Rechts ausweiten, die uns schließlich zum Grund des Gesetzes

---

81 Niklas Luhmann: Das Recht der Gesellschaft, S. 285.
82 Walter Benjamin: Zur Kritik der Gewalt, S. 45f.

führt, der allein „in sich selbst, in seinem eigenen performativen Vermögen, in seiner performativen Kraft oder Macht"[83] gründet, wie Jacques Derrida deutlich macht: „Weil sie sich definitionsgemäß auf nichts anderes stützen können als auf sich selbst, sind der Ursprung der Autorität, die (Be)gründung oder der Grund, die Setzung des Gesetzes in sich selbst eine grund-lose Gewalt(tat)."[84]

Im Anschluss an Michel de Montaigne kann man deshalb auch von einem „mystischen Grund (*fondement mystique*) der Autorität"[85] sprechen, da die Begründung des Rechts gleichsam „im Leeren oder über dem Abgrund schwebt, an einem reinen performativen Akt hängend. Alles verhält sich so, als wäre dieser Akt niemandem Rechenschaft schuldig und als müsste er vor niemandem Rechenschaft ablegen"[86]. Auch insofern stehen wir immer schon *vor* dem Gesetz[87], wie Kafka uns deutlich macht.

2.1.2 Sprachliche bzw. erzählerische Indifferenzen

Diese exemplarische, *inhaltliche* Ununterscheidbarkeit geht mit einer sprachlichen bzw. erzählerischen Ambiguität einher. In Kafkas Werken finden sich zahlreiche „[p]roblematische Kommunikationsstrukturen"[88], die sprachlich und erzählerisch jene Ambivalenz hervorrufen, die wir bereits auf der inhaltlichen Ebene nachvollzogen haben.

---

83   Jacques Derrida: Gesetzeskraft, S. 28.
84   Jacques Derrida: Gesetzeskraft, S. 29.
85   Siehe Michel de Montaigne: Essais, S. 541.
     Vgl. auch Jacques Derrida: Gesetzeskraft, S. 24f.
86   Jacques Derrida: Gesetzeskraft, S. 78.
87   Vgl. Jacques Derrida: Gesetzeskraft, S. 78f.
88   Georg Ernst Weidacher: Elemente des Kafkaesken. Problematische Kommunikationsstrukturen als Ursache einer Leserirritation.

2.1.2.1 Wiederholte Brechung und Infragestellung von Behauptungen

So wurde wiederholt darauf hingewiesen, dass Kafka in seinen Texten getätigte Aussagen relativiert bzw. entwertet oder gar gleichzeitig ihr Gegenteil behauptet:

> „Auch dieses Hin und Her, die immer erneute Brechung von Tatsachen und Behauptungen, muß der Leser verfolgen, ohne bei einem Punkt stehen zu bleiben, wenn er auch einer greifbaren Weltanschauung zu entsprechen scheint. Der Autor selbst scheint ihn daran hindern zu wollen, indem er keine Behauptung stehen läßt, ohne sie einzuschränken oder zurückzunehmen, und keine Tatsache, ohne sie zu bezweifeln, wenn nicht gar aufzuheben."[89]

Ein prägnantes Beispiel für dieses sprachliche „Hin und Her" ist das kurze Prosastück *Die Bäume*, in dem die Behauptung über die Lage der Bäume jeweils im nachfolgenden Satz relativiert bzw. negiert wird:

> „Denn wir sind wie Baumstämme im Schnee. Scheinbar liegen sie glatt auf, und mit kleinem Anstoß sollte man sie wegschieben können. Nein, das kann man nicht, denn sie sind fest mit dem Boden verbunden. Aber sieh, sogar das ist nur scheinbar."[90]

Ähnliche Stellen lassen sich z.B. im *Process* finden, etwa wenn die Frau eines Gerichtsdieners K. gesteht:

> „Ich habe das schon aus Ihrer Rede geschlossen, die mir persönlich sehr gut gefallen hat. Ich habe allerdings nur einen Teil gehört, den

---

89 Ingeborg C. Henel: Die Deutbarkeit von Kafkas Werken, S. 259.
Ähnlich meint auch Nina Ort: „Für Kafkas Erzählungen insbesondere typisch ist allerdings, dass Oppositionen permanent angezweifelt, negiert, dementiert werden, dass diese Negationen ihrerseits angezweifelt werden und sich auf diese Weise ein höchst komplexes Gewebe aus ‚scheinbaren' Oppositionen und Paradoxien ergibt" (Reflexionslogische Semiotik, S. 331).
90 Franz Kafka: Erzählungen, S. 43.

Anfang habe ich versäumt und während des Schlusses lag ich mit dem Studenten auf dem Boden."[91]

In gleicher Weise widersprüchlich scheinen die Ausführungen des Advokaten gegenüber K.:

„Die Angeklagten sind eben die Schönsten. Es kann nicht die Schuld sein, die sie schön macht, denn – so muß wenigstens ich als Advokat sprechen – es sind doch nicht alle schuldig, es kann auch nicht die künftige Strafe sein, die sie jetzt schon schön macht, denn es werden doch nicht alle bestraft, es kann also nur an dem gegen sie erhobenen Verfahren liegen, das ihnen irgendwie anhaftet. Allerdings gibt es unter den Schönen auch besonders schöne. Schön sind aber alle, selbst Block, dieser elende Wurm."[92]

Beispielhaft ist schließlich auch folgender Disput zwischen Block und dem Advokaten:

„‚Was willst Du?' fragte der Advokat, ‚Du kommst ungelegen.' ‚Wurde ich nicht gerufen?' fragte Block, mehr sich selbst, als den Advokaten, hielt die Hände zum Schutze vor und war bereit wegzulaufen. ‚Du wurdest gerufen', sagte der Advokat, ‚trotzdem kommst Du ungelegen.'"[93]

Im *Schloss* lassen sich folgende Beispiele finden, etwa wenn Schwarzer wütend bemerkt:

„‚Ich habe es ja gesagt', schrie er, ‚keine Spur von Landvermesser, ein gemeiner lügnerischer Landstreicher, wahrscheinlich aber ärgeres.' [...] ‚Ein Irrtum also? Das ist mir recht unangenehm. Der Bureauchef selbst hat telephoniert? Sonderbar, sonderbar. Wie soll ich es aber jetzt dem Herrn Landevermesser erklären?'"[94];

oder wenn Bürgel K. erklärt:

---

91   Franz Kafka: Der Proceß, S. 61f.
92   Franz Kafka: Der Proceß, S. 194.
93   Franz Kafka: Der Proceß, S. 201.
94   Franz Kafka: Das Schloß, S. 9.

„Die Nachtverhöre sind zwar nirgends geradezu vorgeschrieben, man vergeht sich also gegen keine Vorschrift, wenn man sie zu vermeiden sucht, aber die Verhältnisse, die Überfülle der Arbeit, die Beschäftigungsart der Beamten im Schloss, ihre schwere Abkömmlichkeit, die Vorschrift, daß das Parteienverhör erst nach vollständigem Abschluß der sonstigen Untersuchung, dann aber sofort zu erfolgen habe, alles dieses und anderes mehr hat die Nachtverhöre doch zu einer unumgänglichen Notwendigkeit gemacht. Wenn sie nun aber eine Notwendigkeit geworden sind – so sage ich – ist dies doch auch, wenigstens mittelbar, ein Ergebnis der Vorschriften."[95]

Mit Martin Walser lässt sich anhand dieser gegensätzlichen Bewegung „die elementare Grundform der Erzählbewegung"[96] Kafkascher Werke ablesen, die gleichsam die „Leerform"[97] bzw. „Variable" der Werke Kafkas darstellt, „das kleinste gemeinsame Vielfache aller Vorgänge" im Erzähluniversum Kafkas:

„Der Vorgang beginnt erst in dem Augenblick, indem die *Störung* eintritt. [...] Diese Störungen widersprechen den herkömmlichen Anfängen in der Epik. Bei Kafka gibt es keine Ausbreitung der Welt, in die der Vorgang dann hineingestellt wird, keine Anbahnung. [...] Die erste Situation, die durch die Störung eingeleitet wurde, impliziert schon den ganzen möglichen Verlauf bis zum Ende des ersten Vorgangs, der durch die erste Aufhebung markiert wird. Da aber die Ordnungen danach automatisch in die Ausgangsbefindlichkeit zurückfallen, ist schon wieder die Möglichkeit zu einer erneuten Störung und damit auch zu einer erneuten Aufhebung gegeben. Die Störung leitet also den Vorgang ein, indem sie die Gegenordnung gewissermaßen weckt, sie auf den Plan ruft und so den unvermeidlichen Verlauf heraufbeschwört. [...] Die Aufhebung ist die Zäsur, die den Vorgang abschließt. Das ist die Kafkasche Variable, die Leerform, in deren vielfältiger Erfüllung das Werk entsteht."[98]

---

95 Franz Kafka: Das Schloß, S. 329.
96 Detlef Kremer: Kafka und die Hermeneutikkritik, S. 343.
97 Martin Walser: Beschreibung einer Form, S. 85.
98 Martin Walser: Beschreibung einer Form, S. 86f.

2.1.2.2 Subversion von digitaler und analoger Ebene der Kommunikation

Angesichts der Tatsache, dass der Erzähler in den oben genannten Fällen nicht klärend eingreift, bleiben die Widersprüche offen stehen und erzeugen so eine Unentscheidbarkeit zwischen der einen Aussage und ihrem Gegenteil. Dies gilt auch für die bei Kafka sich wiederholenden Widersprüche zwischen der digitalen und analogen Ebene der Kommunikation[99], die schließlich zu einer sukzessiven Auflösung dieser Unterscheidung führen.

So wird im *Schloss* die von Momus, dem Dorfsekretär Klamms, und der Brückenhofwirtin digital vermittelte[100] Bedeutung des Gesprächsprotokolls zwischen Momus und K. auf der analogen Ebene unterlaufen, wenn es heißt:

„Gewiß aber hatte damit dieses Protokoll nichts zu tun, über dem jetzt gerade Momus ein Salzbrezel auseinanderbrach, das er sich zum Bier schmecken ließ und mit dem er alle Papiere mit Salz und Kümmel überstreute."[101]

　　　Für die konkrete Anwendung auf ausgewählte Werke Kafkas siehe Martin Walser: Beschreibung einer Form, S. 90ff.
99　Während bei der digitalen Kommunikation arbiträre, konventionalisierte Zeichen verwendet werden, beruht der Zeichengebrauch bei der analogen Kommunikation auf einer Ähnlichkeit zwischen Signifikant und Signifikat. Angesichts der Tatsache, dass jede Kommunikation über einen Inhaltsaspekt sowie einen Beziehungsaspekt verfügt, lässt sich mit Paul Watzlawick ergänzen, „dass der Inhaltsaspekt digital übermittelt wird, der Beziehungsaspekt dagegen vorwiegend analoger Natur ist" (Menschliche Kommunikation, S. 63). Dies heißt, dass Inhalte durch Wörter vermittelt, wohingegen Beziehungen zwischen den Gesprächspartnern durch Gestik, Mimik, Körperhaltung usf. ausgedrückt werden. Vgl. Georg Ernst Weidacher: Elemente des Kafkaesken, S. 32, dem auch die folgenden Beispiele entnommen sind.
100　Franz Kafka: Das Schloß, S. 139f. u. 144.
101　Franz Kafka: Das Schloß, S. 145.

In einem weiteren Beispiel aus dem *Schloss* gesteht K. dem Brückenhofwirt gleich zu Beginn seine eigene Machtlosigkeit, während er zugleich – in der Geste eines Mächtigen – dem Brückenhofwirt leicht die Wange tätschelt:

> „'Du verstehst also doch recht gut zu beobachten', sagte K., ‚mächtig bin ich nämlich, im Vertrauen gesagt, wirklich nicht. Und habe infolgedessen vor den Mächtigen wahrscheinlich nicht weniger Respekt als du, nur bin ich nicht so aufrichtig wie du und will es nicht immer eingestehen.' Und K. klopfte dem Wirt, um ihn zu trösten und sich geneigter zu machen, leicht auf die Wange."[102]

Im *Process* dagegen steht der in bloßer Kinderschrift geschriebene Zettel, der den Weg zu den Gerichtskanzleien auf dem Dachboden des Miethauses weist, im Widerspruch zur tatsächlichen Bedeutung der Kanzleien:

> „Der Untersuchungsrichter würde doch nicht auf dem Dachboden sitzen und warten. Die Holztreppe erklärte nichts, so lange man sie auch ansah. Da bemerkte K. einen kleinen Zettel neben dem Aufgang, ging hinüber und las in einer kindlichen, ungeübten Schrift: ‚Aufgang zu den Gerichtskanzleien.' Hier auf dem Dachboden dieses Miethauses waren also die Gerichtskanzleien?"[103]

In gleicher Weise widerspricht die Aufmunterung Josef K.s durch Frau Grubach („Nehmen Sie es doch nicht so schwer, Herr K."[104]) mit Tränen in der Stimme in ihrer Art und Weise dem digital vermittelten Inhalt.

Darüber hinaus scheint die Bezeichnung „Gehilfen" für Artur und Jeremias im *Schloss* nicht wirklich angemessen, wie Giorgio Agamben feststellt:

> „In Kafkas Romanen begegnen wir Geschöpfen, die sich als ‚Gehilfen' bezeichnen. Aber Hilfe scheinen sie eigentlich keine geben zu kön-

---

102 Franz Kafka: Das Schloß, S. 12.
103 Franz Kafka: Der Proceß, S. 71.
104 Franz Kafka: Der Proceß, S. 30.

nen. Sie verstehen sich auf nichts, haben die ‚Apparate' nicht dabei, sie treiben nichts als Unsinn und Kindereien, sind ‚lästig' und sogar manchmal ‚frech' und ‚lüstern'."[105]

Ebenso führt die Bezeichnung des „Schutzmannes" in *Gibs auf!* sowohl den Leser als auch den Protagonisten in die Irre, da dieser – „[i]m Kontext der k. u. k. Monarchie [...] wesentlich stärker als heute ein Garant für die öffentliche Ordnung"[106] – dem fragenden Ich-Erzähler eine einfache Auskunft verweigert und stattdessen rhetorisch zurückfragt: „Von mir willst du diesen Weg wissen?"[107], um schließlich selbst die Antwort „Gibs auf, gibs auf" zu geben.

Auch diese Widersprüche zwischen digitaler und analoger Ebene der Kommunikation werden durch keinerlei „vermittelnde Instanz"[108] aufgelöst, so dass „gewisse Unsicherheitsmerkmale" bleiben, „die die Verläßlichkeit der von ihm [d.h. dem Leser; H.M.] erzeugten Textbedeutung untergraben". Dazu trägt auch die Unvereinbarkeit von bestimmten Szenographien (die z.B. aufgrund von Kapitelüberschriften Handlungs- und Ereignisfolgen für den Leser absehbar machen) und den tatsächlichen Handlungsentwicklungen bei, wie Georg Ernst Weidacher erläutert:

> „Ein Beispiel für eine solche Entwicklung bildet das erste Kapitel des *Processes*. Dieses trägt den Titel ‚Verhaftung', wodurch im Leser auch die Szenographie einer solchen Handlung aufgerufen wird. Was im Text folgt, entspricht dieser aber nicht, da Josef K. z.B. nicht in Handschellen abgeführt und auch nicht in ein Gefängnis gebracht wird. Die der Szenographie zufolge zu erwartenden Teilhandlungen und -ereignisse treten also nicht ein."[109]

Ebenso läuft auch die *Erste Untersuchung* des dritten Kapitels nicht in der Weise ab, in der man es von einer gerichtlichen Unter-

---

105 Giorgio Agamben: Profanierungen, S. 23.
106 Oliver Jahraus: Kafka, S. 180.
107 Franz Kafka: Erzählungen, S. 252.
108 Georg Ernst Weidacher: Elemente des Kafkaesken, S. 78.
109 Georg Ernst Weidacher: Elemente des Kafkaesken, S. 74.

suchung erwarten dürfte: Weder der ungewöhnliche Ort (eines von vielen grauen Miethäusern, in denen arme Leute wohnten[110]) noch das Verhalten der Untersuchungsrichter sowie der Zuhörerschaft („verschiedenste Leute"[111], die meisten in „alten lange und lose hinunterhängenden Feiertagsröcken"[112] gekleidet) entspricht dem, was als erste Anhörung vor Gericht verstanden werden könnte.

Josef K. selbst geht es schließlich wie dem verwirrten Leser, da auch seine in den Szenographien eines Gerichtsprozesses im Allgemeinen begründeten Erwartungen den tatsächlichen Handlungs- und Ereignisfolgen zuwiderlaufen, so wenn er ganz am Schluß des *Processes* rückblickend fragt: „Wo war der Richter den er gesehen hatte? Wo war das hohe Gericht bis zu dem er nie gekommen war?"[113]

2.1.2.3 Grammatikalische Ununterscheidbarkeit von erlebter Rede und Erzählbericht

Wie bereits oben angedeutet, ließen sich diese offenkundigen Irritationen mit Hilfe einer „klärenden Erzählweise"[114] ausräumen. Doch anstelle eines auktorialen Erzählers findet sich in Kafkas Werken häufig eine paradoxe Erzählperspektive, die in einer „grammatischen Ununterscheidbarkeit"[115] von (subjektiver) er-

---

110 Franz Kafka: Der Proceß, S. 44.
111 Franz Kafka: Der Proceß, S. 47.
112 Franz Kafka: Der Proceß, S. 48.
113 Franz Kafka: Der Proceß, S. 241.
  Für weitere Beispiele auch aus dem *Schloss* siehe Georg Ernst Weidacher: Elemente des Kafkaesken, S. 74.
114 Georg Ernst Weidacher: Elemente des Kafkaesken, S. 75.
115 Georg Ernst Weidacher: Elemente des Kafkaesken, S. 60.
  Die folgenden Beispiele sind dem *Process* entnommen. Für Belegstellen aus dem *Schloss* siehe Georg Ernst Weidacher: Elemente des Kafkaesken, S. 41ff.

lebter Rede und (objektivem) Erzählbericht besteht. So fragt sich Josef K. an einer Stelle im *Process* in erlebter Rede:

> „Was waren denn das für Menschen? Wovon sprachen sie? Welcher Behörde gehörten sie an? K. lebte doch in einem Rechtsstaat, überall herrschte Friede, alle Gesetze bestanden aufrecht, wer wagte ihn in seiner Wohnung zu überfallen?"[116]

Diese erlebte Rede wird jedoch abrupt durch die allgemeinen Betrachtungen eines distanzierten Erzählers zu Josef K.s Charakter abgelöst:

> „Er neigte stets dazu, alles möglichst leicht zu nehmen, das Schlimmste erst beim Eintritt des Schlimmsten zu glauben, keine Vorsorge für die Zukunft zu treffen, selbst wenn alles drohte. Hier schien ihm das aber nicht richtig, man konnte zwar das Ganze als Spaß ansehen, als einen groben Spaß, den ihm aus unbekannten Gründen, vielleicht weil heute sein dreißigster Geburtstag war, die Kollegen in der Bank veranstaltet hatten, es war natürlich möglich, vielleicht brauchte er nur auf irgendeine Weise den Wächtern ins Gesicht zu lachen, und sie würden mitlachen, vielleicht waren es Dienstmänner von der Straßenecke, sie sahen ihnen nicht unähnlich – trotzdem war er diesmal, förmlich schon seit dem ersten Anblick des Wächters Franz, entschlossen, nicht den geringsten Vorteil, den er vielleicht gegenüber diesen Leuten besaß, aus der Hand zu geben."[117]

Angesichts des Wechsels des Erzählstils ab der Textstelle „als einen großen Spaß", der „eher zu einer in der Situation gefangenen Figur, als zu einem alles überblickenden Erzähler"[118] passt, lässt sich der oben zitierten Passage keine eindeutige Erzählperspektive zuordnen. Dies lässt sich auch über einen weiteren Abschnitt des ersten Kapitels sagen, wo es heißt:

---

116   Franz Kafka: Der Proceß, S. 12.
117   Franz Kafka: Der Proceß, S. 12.
118   Georg Ernst Weidacher: Elemente des Kafkaesken, S. 60.

„Da erinnerte sich K. daß er das Weggehn des Aufsehers und der
Wächter gar nicht bemerkt hatte, der Aufseher hatte ihm die drei Beamten verdeckt und nun wieder die Beamten den Aufseher. Viel
Geistesgegenwart bewies das nicht, und K. nahm sich vor, sich in dieser Hinsicht genauer zu beobachten."[119]

Während der erste Satz (eher) an den Bericht eines distanzierten
Erzählers erinnert, so ist doch der erste Teil der nun folgenden
Satzreihung „Viel Geistesgegenwart bewies das nicht" als erlebte
Rede aufzufassen, um nach der Konjunktion „und" wieder zum be-
richtenden Diskurs des Anfangs zurückzukehren.

Joseph Vogl bezeichnet deshalb die Erzählstimme in Kafkas
Werken auch als „vierte Person". Demnach gibt es bei Kafka „keine
Stetigkeit, keine räumliche, geometrische Ordnung der Erzählsitu-
ation. Das Erzählen bewegt sich in einer schwebenden Interferenz,
die das Verhältnis zwischen Ich und Er, Erzähler und Figur von
Satz zu Satz erneut zu verunsichern scheint"[120].

Auch Vogl macht so schließlich – gegen Friedrich Beißners
These von der „Einsinnigkeit"[121] des Erzählens bei Kafka – in
narratologischer Hinsicht eine Struktur der Ununterscheidbarkeit
von erster und dritter Person, von direkter und indirekter Rede,
von erzählendem und erzähltem Diskurs aus, wenn er zusammenfassend festhält:

„In jedem Fall könnte man sagen, daß die besondere Schreibweise
Kafkas eine Rede vorführt, in der ein erzählender Diskurs zugleich
Elemente eines erzählten enthält und eine Vermischung von direkter
und indirekter Rede präsentiert; daß sie eine Stimme artikuliert, in
der ein Ich nicht aufhört, in der Maske des Er zu sprechen, in der sich
die Rede einer Person in der Rede eines Erzählers manifestiert und
umgekehrt, in der sich schließlich eine Interferenz und eine Interak-
tion zwischen narrativem und referiertem Diskurs und damit eine

---

119   Franz Kafka: Der Proceß, S. 25.
120   Joseph Vogl: Vierte Person, S. 750.
121   Siehe Friedrich Beißner: Der Erzähler Franz Kafka, S. 37ff.

Ununterscheidbarkeit der entsprechenden Äußerungssubjekte ergibt."[122]

2.1.3 Zusammenfassung

Im Anschluss an unsere differenztheoretischen Überlegungen lassen sich die eben genannten sprachlichen und erzählerischen Ununterscheidbarkeiten und Widersprüche alle als Subversion des „wahrscheinlich grundlegendsten semantischen Universal[s] menschlicher Sprache"[123] verstehen, dem sog. „Polaritätsprinzip"[124]. Demnach ist ein Deklarativsatz in einem gegebenen Äußerungskontext, mit einer gegebenen Lesart, entweder wahr oder falsch[125]. Das Polaritätsprinzip ist insofern nichts anderes als das differenztheoretische Prinzip vom ausgeschlossenen Dritten[126], das sich – wie wir bereits oben gesehen haben – unweigerlich aus der Unterscheidungspraxis des Erkennens, Denkens sowie Sprechens und Schreibens ableitet. Aus diesem Grunde, so Sebastian Löbner, durchzieht „Polarisierung [...] sämtliche Wort- und Satzbedeutungen; sie liegt jeder Prädikation zugrunde – und damit fast allen Wortbedeutungen. Da jeder Satz mindestens eine Prädikation enthält (weil er ein finites Verb enthalten muss und Verben Prädikationsausdrücke sind), unterliegt auch jeder Satz der Polarisierung. Daher ist sprachlich formulierte Kategorisierung immer binär"[127].

Kafkas Werke versuchen dem zu widerstehen, indem sie die basale Form sprachlicher Binarität mit Hilfe etwa zugleich geäußerter gegensätzlicher Aussagen und offener Widersprüche zwischen di-

---

122 Jospeh Vogl: Vierte Person, S. 751f.
123 Sebastian Löbner: Semantik, S. 309.
124 Sebastian Löbner: Semantik, S. 286.
125 Sebastian Löbner: Semantik, S. 83.
126 Vgl. Sebastian Löbner: Semantik, S. 84.
127 Sebastian Löbner: Semantik, S. 309f.

gitaler und analoger Ebene der Kommunikation aushöhlen. Insofern ließe sich das Schreiben Kafkas als eines von ununterscheidbaren Unterscheidungen bestimmen, das genau aus diesem Grunde „das Prinzip der Zweideutigkeit und die Zweideutigkeit als Prinzip (die Zweideutigkeit: die Differenz des Identischen, die Nichtidentität des Selben)"[128] enthält und deshalb die Paradoxie als seine „Urgebärde"[129] ausweist.

Dennoch hat es in der Literatur wiederholt Versuche gegeben, diese Zweideutigkeit positiv aufzulösen, indem die ununterscheidbaren Unterscheidungen zu eindeutigen Zwei-Seiten-Formen gemacht werden, die als solche dem Prinzip vom ausgeschlossenen Dritten unterliegen. So wurde Kafkas Werk einerseits als bloß phantastisch oder gar wahnhaft verstanden, das die darin vorkommenden Geschehnisse „als unnatürlich [oder übernatürlich; H.M.] akzeptiert"[130]. Andrerseits sind die Erzählungen und Romanfragmente Kafkas auch als parabolische Texte interpretiert worden,

---

128   Maurice Blanchot: Wiederholung und Verdopplung, S. 130.
129   Hans Helmut Hiebel: Die Zeichen des Gesetzes, S. 21.
      Vgl. in diesem Sinne auch Gerhard Neumann, der bei Kafka von einem „gleitenden Paradox" spricht: „Es ist bezeichnend, daß Kafka nie eindeutig bestimmt, ob es sich bei ‚diesen' Gegenden um ein Grenzland oder ein Niemandsland handelt, ob die ‚gezeigte' – das heißt durch die Gebärde des Demonstrativpronomens herausgehobene, aber absolut unanschauliche – Gegend positiv oder negativ [...], wirklich oder unwirklich, als Ausgangspunkt oder als Ziel, als Öffnung ins Freie oder als labyrinthischer Bau zu verstehen ist. Erreichen und Verfehlen sind für Kafkas Denken keine schlüssigen Kategorien. Es tastet sich zwischen den alternativen Möglichkeiten hindurch; es gehorcht jener eigenen Gesetzlichkeit, für die sich die Bezeichnung ‚gleitendes Paradox' anbietet" (Umkehrung und Ablenkung, S. 712).
130   Georg Ernst Weidacher: Elemente des Kafkaesken, S. 88.
      Beispiele hierfür wären etwa die Lesarten Friedrich Beißners (Kafkas Darstellung des „traumhaften innern Lebens") oder Tzvetan Todorovs (Einführung in die fantastische Literatur, S. 150ff.).

die eine – wie auch immer geartete – „höhersymbolische Reinterpretation"[131] erlauben würden.

Demgegenüber legen unsere differenztheoretischen Überlegungen den Schluss nahe, dass die viel beschworene „immanente Interpretationsproblematik"[132] der Werke Kafkas im Grunde dessen Lösung darstellt: Kafka, so die These, reflektiert in seinem Werk jene basale, paradoxale Struktur der Wirklichkeit, wonach die für die Wirklichkeit konstitutiven Unterscheidungen (z.B. von Subjekt und Objekt im Erkennen oder Signifikant und Signifikat im Sprechen und Schreiben) selbst nicht noch einmal diskursiv erfasst, d.h. erkannt bzw. gedacht oder kommuniziert werden können, ohne widersprüchlich zu werden[133]. Im 80. von Kafkas sog. „Zürauer Aphorismen" heißt es deshalb auch: „Wahrheit ist unteilbar, kann sich also nicht erkennen; wer sie erkennen will, muß Lüge sein."[134]

Eine derartige Paradoxie ist jedoch nicht einfach als logischer Widerspruch im Sinne von „A ist Nicht-A" aufzufassen, sondern vielmehr als grundsätzliche Aussage über die Wirklichkeit selbst zu verstehen, wie Niklas Luhmann betont:

„Such a paradox is not simply a logical contradiction (*A* is non-*A*) but a foundational statement: The world is observable because it is unobservable. Nothing can be observed (not even the 'nothing') without drawing a distinction, but this operation remains indistinguishable. It

---

131 Georg Ernst Weidacher: Elemente des Kafkaesken, S. 93.
Derartige Auslegungen finden sich z.B. bei Theodor W. Adorno: Aufzeichnungen zu Kafka, S. 262 u. 271f. oder Susanne Kessler: Sprachkritik und Erzählstruktur, S. 104ff.
132 Oliver Jahraus: Kafka, S. 174.
133 Insofern sind auf dieser Ebene der Reflexion Paradoxien unausweichlich, wie auch der Erzähler im *Schloss* auf seine Weise erkannt hat: „Das waren zweifellose Widersprüche, sie waren so sichtbar, daß sie beabsichtigt sein mußten" (S. 31f.).
134 Franz Kafka: Beim Bau der chinesischen Mauer, S. 241.

can be distinguished, but only by another [i.e. not the same; H.M.] operation."[135]

Aus diesem Grunde ließe sich eine solche Wahrheit bezeugende Paradoxie mit Willard van Orman Quine auch als "veridical, or truth-telling paradox"[136] bezeichnen.

Für das bisher Gesagte scheint die Grenzfigur Odradek aus Kafkas Erzählung *Die Sorge des Hausvaters* paradigmatisch. Odradek wird dem Leser zunächst „als eine flache sternartige Zwirnspule"[137] vorgestellt; diese Beschreibung wird jedoch sofort dahingehend revidiert, dass „es [...] nicht nur eine Spule [sei], sondern aus der Mitte des Sternes kommt ein kleines Querstäbchen hervor und an dieses Stäbchen fügt sich dann im rechten Winkel noch eines. Mit Hilfe dieses letzteren Stäbchens auf der einen Seite, und einer der Ausstrahlungen des Sternes auf der anderen Seite, kann das Ganze wie auf zwei Beinen aufrecht stehen"[138]. Paradoxerweise ist dieses Etwas in der Lage, ohne Lungen zu sprechen, erteilt jedoch nur spärlich Auskünfte über sich. Darüber hinaus „hält [es] sich abwechselnd auf dem Dachboden, im Treppenhaus, auf den Gängen im Flur auf": Es ist „nicht irgendwo, sondern vielmehr *dazwischen* und entgeht damit jeder dualistischen Bestimmung"[139] – „ein *Zwischenwesen*"[140] im wahrsten Sinne des Wortes. Denn Odradek ist „außerordentlich beweglich und nicht zu fangen". In dieser Hinsicht ähnelt er jenem „eingeschlossene[n] ausgeschlossene[n] Dritte[n]"[141], das wir oben als Bedingung der Möglichkeit von Erkennen, Denken sowie Sprechen und Schreiben überhaupt ausgemacht haben und uns diskursiv operierenden Wesen notwendig als

---

135 Niklas Luhmann: The paradox of observing systems, S. 87.
136 Siehe Willard van Orman Quine: The ways of paradox.
137 Franz Kafka: Erzählungen, S. 188.
138 Franz Kafka: Erzählungen, S. 189.
139 Hyun Kang Kim: Ästhetik der Paradoxie, S. 129.
140 Hyun Kang Kim: Ästhetik der Paradoxie, S. 129.
141 Niklas Luhmann: Individuum, Individualität, Individualismus, S. 199.

Paradoxie erscheint: „[D]as Ganze erscheint zwar sinnlos, aber in seiner Art abgeschlossen."[142] Mit den Worten Luhmanns:

> "Obviously, this makes no sense. It makes meaning. It makes no common sense; it uses the meaning of 'para-doxon' to transgress the boundaries of common sense to reflect what it means to use meaning as a medium."[143]

Insofern lässt sich Franz Kafkas Prosa mit Silvio Vietta als „erkenntnistheoretische Reflexionsprosa"[144] auffassen, da sie die zur bloßen Routine erstarrte Alltagswirklichkeit (stabiler Zwei-Seiten-Unterscheidungen) aufbricht und so das Verhältnis der Menschen zur Wirklichkeit neu bestimmt – ein Akt, der durchaus schmerzhaft sein kann und soll. Kafka selbst sah genau darin das Wesen von Literatur, wie er in einem Brief an Oskar Pollack deutlich macht:

> „Ich glaube, man sollte überhaupt nur solche Bücher lesen, die einen beißen und stechen. Wenn das Buch, das wir lesen, uns nicht mit einem Faustschlag auf den Schädel weckt, wozu lesen wir dann das Buch? Damit es uns glücklich macht, wie Du schreibst? Mein Gott, glücklich wären wir eben auch, wenn wir keine Bücher hätten, und solche Bücher, die uns glücklich machen, könnten wir zur Not selber schreiben. Wir brauchen aber die Bücher, die auf uns wirken wie ein Unglück, das uns sehr schmerzt, wie der Tod eines, den wir lieber hatten als uns, wie wenn wir in Wälder verstoßen würden, von allen Menschen weg, wie ein Selbstmord, ein Buch muß die Axt sein für das gefrorene Meer in uns. Das glaube ich."[145]

---

142 Franz Kafka: Erzählungen, S. 189.
143 Niklas Luhmann: The paradox of observing systems, S. 87f.
144 Silvio Vietta/Hans-Georg Kemper: Expressionismus, S. 156.
145 Franz Kafka: Briefe (1900-1912), S. 36.
　　Damit ist auch unmittelbar auf das intensive *physische* Erlebnis der Texte Kafkas für den Leser angespielt, das Max Pulver bereits bei den Zeitgenossen Kafkas beobachten konnte. So schien sich bei Kafkas Lesung von *In der Strafkolonie* am 10. November 1916 in München schon „mit den ersten Worten [...] ein fader Blutgeruch auszubreiten,

Exkurs: Mit Kafka im Kino: Lynch mit Kafka sehen

Die grundlegende Reflexion auf die Medialität von Literatur als Bedeutungsträger bzw. „Formträger" (im Sinne von Luhmanns Unterscheidung von Form und Medium[146]) in Kafkas Werk soll nun im folgenden, kurzen Exkurs auf das Medium Film erweitert werden, um so nicht nur die medialen Voraussetzungen von Literatur auf der einen Seite und von Film auf der anderen Seite darzulegen[147], sondern darüber hinaus auch strukturelle Parallelen zwischen Kafkas Literatur und dem zeitgenössischen Kino am Beispiel von David Lynchs Filmen zu veranschaulichen und so die medienüber-

---

ein seltsam fader und blasser Geschmack legte sich mir auf die Lippen. Seine Stimme mochte entschuldigend klingen, aber messerscharf drangen seine Bilder in mich ein, Eisnadeln voller abgründiger Quälerei. [...] Auch der Hörer wurde in diese Höllenquälerei hineingerissen, auch er lag als Opfer auf dem wippenden Marterbrett und jedes neue Wort ritzte als ein neuer Stachel die langsame Hinrichtung in seinen Rücken" (Max Pulver: Erinnerungen an eine europäische Zeit, S. 52). Und noch heute gesteht mancher Leser Kafkas, dass „Kafkas Texte [...], trotz aller Deutungen, nicht auf[hören], mich zu erschrecken" (Peter Rehberg: lachen lesen, S. 97). Dabei sind es genau jene (inhaltlich wie sprachlich bzw. erzählerisch erzeugten) „Zonen der Ununterscheidbarkeit", die uns Kafkas Werke so unheimlich erscheinen lassen; denn im Anschluss an Martin Heidegger lässt sich das Unheimliche zunächst (wortwörtlich) als „Nicht-zu-hause-sein" (Sein und Zeit, S. 188) verstehen. „Zuhause" fühlen wir uns aber, wenn wir klare Unterscheidungen treffen können, wie etwa die von Phantasie und Wirklichkeit, Innen und Außen, Recht und Unrecht oder Tod und Leben.

146 Siehe dazu im Hinblick auf die Kunst Niklas Luhmann: Die Kunst der Gesellschaft, S. 165-214.
147 Zur Bedeutung der Konstellation Kafka – Film für die Literaturwissenschaft siehe ausführlich Oliver Jahraus: Kafka und der Film, besonders S. 224f.

greifende Bedeutung unserer differenztheoretischen Überlegungen darzulegen.

Dabei ist der Bezug zum Kino bzw. Film im Allgemeinen und zu David Lynch im Besonderen nicht willkürlich: Anhand von Tagebucheinträgen ist bekannt, dass Kafka selbst ein leidenschaftlicher Kinogänger war[148]. Im Kino widerfuhr Kafka „[d]as ganze Spektrum der kleinen Trancen des Kinogehers, das *Weinen*, die *Zerstreuung*, die *maßlose Unterhaltung*"[149]. Eine ähnliche emotionale Wirkung bescheinigt Adorno auch der Literatur Kafkas, dessen „Texte [...] darauf angelegt [sind], daß nicht zwischen ihnen und ihren Opfern ein konstanter Abstand bleibt, sondern daß sie seine Affekte derart aufrühren, daß er fürchten muß, das Erzählte käme auf ihn los wie Lokomotiven aufs Publikum in der jüngsten, dreidimensionalen Filmtechnik"[150].

Dieses Affektpotential von Kafkas Texten bestätigt auch der Filmregisseur David Lynch, der bekennt, dass er nur „zu Büchern [greift], die mir gute Laune machen. Zum Beispiel Kafka"[151] und dass „Kafka [...] für mich schon seit jeher ein Quell großer Inspiration [ist]"[152].

---

148 Siehe dazu vor allem Hanns Zischler: Kafka geht ins Kino.
149 Hanns Zischler: Kafka geht ins Kino, S. 15.
150 Theodor W. Adorno: Aufzeichnungen zu Kafka, S. 256.
Zum Hintergrund dieser Ausführungen Adornos siehe Oliver Jahraus: Kafka und der Film, S. 225.
151 Süddeutsche Zeitung Magazin vom 21. September 1990, S. 38.
152 FAZ.NET vom 21. Dezember 2001.
(http://www.faz.net/s/RubCC21B04EE95145B3AC877C874FB1B611/Doc~ED2B9178A6F38470589AE96A8B5D90438~ATpl~Ecommon~Scontent.html; 11.01.2011)
An anderer Stelle bekennt Lynch auch, dass „[d]er einzige Künstler, bei dem ich das Gefühl habe daß er mein Bruder sein könnte, [...] Franz Kafka [sei]. [...] [I]ch mag ihn wirklich sehr. Einige seiner Sachen gehören zu den spannendsten Wortgebilden, die ich je gelesen habe" (David Lynch: Lynch über Lynch, S. 80).

Diese Inspiration scheint ein erster Blick in einige Filme Lynchs zu bestätigen. Bereits in *Twin Peaks: Fire walk with me* aus dem Jahre 1992 führt Lynch den Zuschauer in eine Welt ein, über die eine ihrer Figuren, der FBI-Agent Philip Jeffries (gespielt von David Bowie), zu Beginn sagt: „It was a dream. We live inside a dream"[153] und so die für Lynch geradezu programmatische „Verschränkung von Traum und Wirklichkeit"[154] hervorhebt, d.h. eine Ansicht des Lebens aufzeigt, „in der das Leben zwar sein natürliches schweres Fallen und Steigen bewahre, aber gleichzeitig mit nicht minderer Deutlichkeit als ein Nichts, als ein Traum, als ein Schweben erkannt werde"[155], wie es bei Kafka heißt.

In den späteren Filmen *Lost Highway* (1997), *Mulholland Dr.* (2001) sowie *Inland Empire* (2006) wird diese Ununterscheidbarkeit von Traum bzw. Phantasie und Wirklichkeit konsequent verschärft und filmisch umgesetzt. Dies spiegelt sich u.a. in der Aufnahme dieser Filme durch die Kritik wieder, für die etwa *Lost Highway* wenigstens zwei widersprüchliche Geschichten in einer *zugleich* erzählt:

> „Auf der ersten Ebene könnte Lost Highway gelesen werden als die Geschichte eines Mannes [Fred Madison; H.M.], der auf jede Phase einer unglücklichen Beziehung mit einem neuerlichen schizophrenen Schub reagiert [und die Identität Pete Daytons annimmt; H.M.] [...]. Zunächst also funktioniert Lynchs Film als eine Entfremdungsphantasie; ein Mann, der um seine sexuelle Potenz fürchten muß, wird von seiner Frau [Renee; H.M.] betrogen und ermordet sie (oder: ein Mann träumt, wie ihn seine Frau betrügt, wie er sie dafür ermordet und wie er dafür bestraft wird)."[156]

---

153 28:20ff.
154 Georg Seeßlen: David Lynch und seine Filme, S. 138.
155 Franz Kafka: Beschreibung eines Kampfes, S. 293f.
156 Georg Seeßlen: David Lynch und seine Filme, S. 167f.
Dies spricht auch der Text des Titel- bzw. Abspannliedes *I'm deranged* von David Bowie aus. Im Sinne dieser Interpretation siehe auch Slavoj Žižek: The art of the ridiculous sublime, S. 15.

Innerhalb dieses „realistischen" Erklärungsansatzes bleiben jedoch wichtige Fragen offen (wie z.B. die nach dem Ursprung der Videobänder sowie der Fingerabdrücke Petes in Andys Haus), so dass *Lost Highway* vielmehr als „phantastischer Film' [zu verstehen ist], der freilich die grundlegende Dramaturgie des Genres außer Kraft setzt, nämlich dass das Phantastische eine Kraft ist, die (aus moralischen Gründen in der Regel) in das Alltägliche einbricht, um nach erheblichen Opfern und Ansprüchen (für den Augenblick jedenfalls) wieder daraus vertrieben zu werden."[157]

Insofern spielt der Film *Lost Highway* auf der Grenze zwischen Realität und Imagination, ja er ist diese Grenze der Ununterscheidbarkeit selbst. Dafür ist die Einstellung des unterbrochenen Mittelstreifens am Anfang sowie am Ende des Films sinnbildlich, der sowohl durchgängig (Identität) als auch unterbrochen (Differenz) ist. Dies gilt auch bzw. gerade für die Identität des Protagonisten Fred/Pete (sowie auch für Renee/Alice), die – auf welche Weise auch immer – zwischen Fred Madison und Pete Dayton oszilliert, welche jeweils von verschiedenen Schauspielern (Bill Pullman bzw. Balthazar Getty) verkörpert werden, so dass die Differenz der Identität Freds/Petes augenscheinlich wird. *Lost Highway* führt so ein Konzept von Identität bzw. Subjektivität mit sich, demzufolge – mit Georg Simmel gesprochen – das Subjekt „Grenz-Wesen"[158] ist – oder mit den Worten Georges Batailles: „Der Mensch wird stets *ein anderer*. Der Mensch ist das Lebewesen, das beständig von sich selber differiert."[159]

---

157 Georg Seeßlen: David Lynch und seine Filme, S. 168.
158 Georg Simmel: Lebensanschauung, S. 212 und S. 218.
159 Georges Bataille: Hegel, l'homme et l'histoire, S. 363 (Übersetzung nach Mikkel Borch-Jacobsen: Lacan, S. 102).
    Dieses grundsätzliche Paradoxon von Subjektivität (sowie seine Konsequenzen) hat Jacques Lacan deutlich herausgearbeitet und in das Zentrum seiner psychoanalytischen Tätigkeit gestellt. In seinem Vortrag *Das Spiegelstadium als Bildner der Ich-Funktion* aus dem Jahre

Die damit einhergehende Verwirrung des Zuschauers ist dabei identisch mit jener Beunruhigung, die den Leser von Kafkas Texten erfasst, da diese es „unaufhörlich ablehnen, eine dieser beiden Totalalternativen [Traum oder Wirklichkeit; H.M.] zu akzeptieren und stattdessen gerade die Totalalternative insgesamt verwerfen"[160], weil „nichts so ist, wie es scheint, oder *das Vertraute auf einmal unbekannt geworden ist*"[161]. Differenztheoretisch lässt sich dies sowohl für Kafkas Literatur als auch für Lynchs Kino damit erklären, dass die für Wirklichkeit konstitutive binäre Struktur „[a]lle

---

1949 beschreibt er „ein Drama, dessen innere Spannung von der Unzulänglichkeit auf die Antizipation überspringt und für das an der lockenden Täuschung der räumlichen Identifikation festgehaltene Subjekt die Phantasmen ausheckt, die, ausgehend von einem zerstückelten Bild des Körpers, in einer Form enden, die wir in ihrer Ganzheit eine orthopädische nennen könnten, und in einem Panzer, der aufgenommen wird von einer wahnhaften Identität, deren starre Strukturen die ganze mentale Entwicklung des Subjekts bestimmen werden" (Schriften I, S. 67). Dabei bezeichnet das Spiegelstadium für Lacan jedoch „nicht einfach nur ein[en] Abschnitt in der Geschichte des Individuums, sondern zugleich ein Stadion (*stade*), in dem das menschliche Subjekt permanent mit sich selber kämpft" (Malcolm Bowie: Lacan, S. 26). Aus diesem Grunde betont Lacan, dass das Spiegelstadium einen grundlegenden Aspekt der Struktur menschlicher Subjektivität überhaupt repräsentiert, nämlich „jene existentielle Negativität" (Schriften I, S. 69), wie Dylan Evans erklärt: „Das Subjekt ist grundsätzlich gespalten, sich selbst entfremdet, und es gibt keine Möglichkeit, dieser Teilung zu entgehen, keine Möglichkeit der ‚Ganzheit' oder Synthese. Die Entfremdung ist eine unvermeidliche Folge des Prozesses, durch den das ich in der Identifikation mit dem Ähnlichen konstituiert ist" (Wörterbuch der Lacanschen Psychoanalyse, S. 87).
Dabei ist jener Topos des gespaltenen Subjekts, von Lacan als Mathem $ geschrieben, in vielen Filmen Lynchs präsent, so z.B. in der Figur des Leland Palmer (gespielt von Ray Wise) aus *Twin Peaks: Fire walk with me*, in der Figur der Rita (Laura Elena Harring) aus *Mulholland Dr.* sowie der Nikki Grace (Laura Dern) aus *Inland Empire*.

160   Nina Ort: Reflexionslogische Semiotik, S. 354.
161   Anne Jerslev: David Lynch, S. 30.

Operationen, die sich an solchen Strukturen entlangsteuern, [...] sich an einer Ja/Nein-Differenz [orientieren], die – was immer vorkommt – so verdoppelt, daß jede Position ihre Negation, jede Negation ihre Position mitführt"[162]: *Omnis determinatio est negatio*.

Dies macht jedoch jegliche filmische oder literarische Reflexion auf die Einheit des Differenten zum Problem, wie wir bereits oben mit Luhmann festgestellt haben:

> „Wer beide Seiten zugleich verwenden will, verstößt gegen den Sinn der Unterscheidung. Es geht nicht, es liefe auf eine Paradoxie hinaus. Denn man müsste dann in einem Zuge das Verschiedene als dasselbe bezeichnen."[163]

Filmisch drückt sich dies bei Lynch durch eine Auflösung des „sensomotorischen Bandes"[164], d.h. der Einheit von Wahrnehmung und Aktion der Figuren im Film aus, um mit Gilles Deleuze zu sprechen:

> „Das sensomotorische Schema gelangt nicht mehr zur Anwendung [...]. Das bedeutet, daß sich die Wahrnehmungen und Aktionen nicht mehr verketten und daß sich die Räume nicht mehr zusammenfügen und füllen. Die in rein optischen und akustischen Situationen gezeigten Figuren sehen sich zum Herumirren und Umherschlendern verurteilt."[165]

---

162 Niklas Luhmann/ Peter Fuchs: Reden und Schweigen, S. 71.
163 Niklas Luhmann: Die Paradoxie der Form, S. 247.
164 Gilles Deleuze: Das Zeit-Bild, S. 347.
165 Gilles Deleuze: Das Zeit-Bild, S. 60.
Während Deleuze zufolge das sensomotorische Band charakteristisch für das sog. „Aktionsbild" (als „Spielart" des Bewegungsbildes) ist, steht das sog."Kristallbild" (als Form des Zeit-Bildes) für dessen Auflösung, indem es dem „Ununterscheidbarkeitsprinzip" (Das Zeit-Bild, S. 97) gehorcht: „Das Kristallbild oder die kristalline Beschreibung besitzt zwei Seiten, die nicht miteinander zu vermengen sind. [...] Bachelard spricht in diesem Zusammenhang von ‚wechselseitigen Bildern', zwischen denen sich ein Austausch ereignet. Die Ununterscheidbarkeit von Realem und Imaginärem, von Gegenwärtigem und Vergangenem,

David Lynch zerstört in seinen Filmen „das, was wir den cinematographischen Horizont nennen können, was nicht nur das Zurechtfinden im Newton-Kosmos, die lineare Konstruktion der Zeit, die Eindeutigkeit des Raumes und die Identität (das mit sich selber eines sein) der Person voraussetzt, sondern auch die Grammatik der Identifikationen"[166] – ein Zug, der uns aus Kafkas Werken nur allzu bekannt ist, in denen „[i]mmer wieder [...] das Raum-Zeit-Kontinuum des ‚empirischen Realismus' durch kleine Sabotageakte lädiert [wird] wie die Perspektive in der zeitgenössischen Malerei; etwa wenn der umherwandernde Landvermesser vom viel

---

von Aktuellem und Virtuellem entsteht folglich keineswegs im Kopf oder im Geist, sondern ist das objektive Merkmal gewisser existierender Bilder, die von Natur aus doppelt sind. [...] Das bekannteste Beispiel liefert der Spiegel. Die Zerrspiegel, die Konkav- und Konvexspiegel und die venezianischen Spiegel sind untrennbar von einem Kreislauf [...]. Dieser Kreislauf ist selbst ein Austausch: das Spiegelbild ist in bezug auf die aktuelle Person, die es einfängt, virtuell, aber zugleich ist es aktuell im Spiegel, der von der Person nicht mehr als eine einfache Virtualität zurückläßt und sie aus dem Bild – hors champ – verdrängt. Der Austausch findet umso aktiver statt, je mehr der Kreislauf auf ein Polygon mit einer zunehmenden Anzahl von Seiten verweist: etwa das auf den Facetten eines Rings reflektierte Gesicht oder aber ein Schauspieler, der durch eine unendliche Zahl von Ferngläsern betrachtet wird. Wenn die virtuellen Bilder sich derart vermehren, wird die ganze Aktualität der Person von ihnen absorbiert, während die Person nur noch eine Virtualität unter anderen ist. *Citizen Kane* von Welles vermittelt eine Vorahnung von dieser Situation, wenn Kane zwischen zwei gegenüberliegenden Spiegeln entlanggeht; im reinen Zustand erscheint sie später im berühmten Spiegelkabinett in *The Lady from Shanghai*, wo das Ununterscheidbarkeitsprinzip seinen Höhepunkt erreicht: perfektes Kristallbild, worin die vervielfältigten Spiegel die Aktualität zweier Personen annehmen, welche diese nur wiederzuerlangen vermögen, indem sie sämtliche Spiegel zu Bruch gehen lassen, sich Seite an Seite wiederfinden und sich gegenseitig töten" (Das Zeit-Bild, S. 96ff.).

166 Georg Seeßlen: David Lynch und seine Filme, S. 169.

zu frühen Einbruch der Nacht überrascht wird"[167], wie Adorno betont. Dabei bedeutet die Auflösung der Linearität und Distinktivität von Raum, Zeit und Handlung bei Lynch einen Bruch mit dem klassischen Erzählkino, an dessen Stelle ein *selbstreflexives* bzw. *selbstbewusstes Kino*[168] tritt, das seine eigene Medialität noch einmal medial vermittelt:

> „Statt das Leben abzubilden (in welchem Maßstab und mit welcher Absicht auch immer), bringen die Filmbilder bei Lynch ein anderes Leben hervor. So wie ein selbstbezüglicher Satz (wie man ihn bei Douglas Hofstaedter findet) nicht nur in endlose Bedeutungsschleifen führen kann (,Der zweite Satz dieses Textes ist gelogen. Der erste Satz dieses Textes ist wahr.'), sondern sich zum eigenen Subjekt machen kann (,Ich bin ein Satz ohne Aussage!'), so machen sich Lynchs Filmbilder zu einem Gegenüber. Sie haben keinen ,Inhalt', sie sind ihr Inhalt."[169]

Beispielhaft dafür ist etwa folgende Szene (1:01:19ff.) aus *Twin peaks: Fire walk with me*, über die es im Drehbuch heißt:

> „AT THE DOORWAY OF LAURA'S BEDROOM: In the doorway Laura gets a strange feeling in back of her and turns to look at Mrs. Tremond's picture. There in the picture is Laura (herself) in the doorway looking back into the darkened rooms where Mrs. Tremond and her grandson were. MRS. TREMOND'S PICTURE: Laura is in the picture.

---

167 Theodor W. Adorno: Aufzeichnungen zu Kafka, S. 275.
168 Vgl. Viktor Stoichita, der vom „selbstbewußten Bild" in der modernen Malerei spricht. Demnach ist die „Bewußtwerdung der Malerei, die Geburt der ,modernen' Konzeption des Bildes" (Das selbstbewußte Bild, S. 10) selbstreflexiv zu verstehen als das „Ergebnis einer heftigen Konfrontation zwischen dem neuen Bild und seinem eigenen Status, seinen eigenen Grenzen" (S. 11), so dass das Gemälde schließlich „ein volles Bewußtsein von sich selbst erlangt: von seinem Sein, von seinem Nichts" (S. 312).
169 Georg Seeßlen: David Lynch und seine Filme, S. 153.

In the picture Laura turns around in the doorway of the picture and looks down at her room."¹⁷⁰

Ähnlich wie in René Magrittes Gemälde *La condition humaine I* (1933) werden auch hier Bild und Wirklichkeit bzw. Innen und Außen ununterscheidbar und machen so etwas Grundsätzliches sichtbar, wie Magritte erklärt:

> „Das Problem des Fensters ergab *La condition humaine*. Vor ein Fenster, das vom Inneren eines Zimmers aus gesehen wird, stellte ich ein Bild, das genau den Teil der Landschaft darstellte, der von diesem Bild verborgen wurde. Der auf dem Bild dargestellte Baum versteckte also den Baum hinter ihm, außerhalb des Zimmers. Er befand sich für den Betrachter gleichzeitig innerhalb des Zimmers auf dem Bild und gleichzeitig außerhalb, durch das Denken in der wirklichen Landschaft. So sehen wir die Welt. Wir sehen sie außerhalb unserer selbst und haben doch nur eine Darstellung von ihr in uns."¹⁷¹

Auf diese Weise zeigt Lynch, dass die Wirklichkeit selbst immer schon medial vermittelt ist, etwa im Medium des Films bzw. des (bewegten) Bildes, und macht damit die Medialität des Mediums Film im Medium Film selbst noch einmal sichtbar. Mit Jean-Luc Godard gesprochen benutzt Lynch die Filmkamera, „um etwas zu sehen, was man ohne Kamera nicht sieht"¹⁷², nämlich die grundsätzliche Medialität von Wirklichkeit.

Diese „Entdifferentialisierung von Differentem" in *Twin Peaks: Fire walk with me* treibt Lynch in seinem bisher letzten Film *Inland Empire* auf die Spitze, wo sie zum Prinzip des Films selbst gemacht wird und dieses sich zugleich *als* Prinzip darstellt, indem Wirklichkeit und Fiktion, Person und Rolle sowie Film und Realität konsequent ineinander aufgelöst werden:

---

170 http://www.lynchnet.com/fwwm/fwwmscript.html (11.01.2011).
171 René Magritte: Sämtliche Schriften, S. 506.
172 DIE ZEIT vom 29. November 2007, S. 66.

„Nikki Grace (Laura Dern), deren Ruhm als Schauspielerin deutlich verblasst ist, erhält ihre wohl letzte Chance auf ein Comeback. Für den Regisseur Kingsley Stewart (Jeremy Irons) soll sie die Hauptrolle in einem Film an der Seite von Devon Berk (Justin Theroux) übernehmen. Doch schon bei den Proben zu dem Film häufen sich die Merkwürdigkeiten. Kurz vor Drehbeginn erfahren die beiden Hauptdarsteller, dass der Originalfilm nie fertiggestellt werden konnte, weil die damaligen Schauspieler ermordet wurden ... Gegenwart, Vergangenheit und Zukunft vermischen sich auf beängstigende Weise mit Fiktion und Realität."[173]

In einer beeindruckenden Szene gegen Ende des Films (2:40:53ff.) gelangt die Protagonistin Nikki Grace nach einer Odyssee durch unzählige Räume und Türen (die unweigerlich an Kafkas *Bau* erinnern, in dem jegliche Orientierung von Oben und Unten, Innen und Außen verlorengeht[174]) schließlich in das Schlafzimmer einer jungen brünetten Frau, die – wie wir – wohl die ganze Zeit Nikki Graces Geschichte in einem Fernseher verfolgt hat und diese zärtlich küsst. An diesem Punkt, wo sich Film (Schauspieler) und Wirklichkeit (Zuschauer) gleichsam berühren, holt der Film seine eigene Genese *als* Film reflexiv ein und weiß bzw. schaut sich selbst schließlich *als* Film – eine Form von Selbstreferentialität, die wir oben bereits im Hinblick auf Kafkas Odradek (aus der *Sorge des Hausvaters*) und die allgemeine Frage nach der Generierung von Bedeutung innerhalb der Literatur kennen gelernt haben.

---

173 Klappentext zur deutschen DVD-Ausgabe.
174 Zu den Grenzauflösungen und formalen Aporien in Kafkas Bau siehe etwa Thomas Fuchs: Die Welt als Innenraum sowie Vivian Liska: „Der Bau", S. 341.

2.2 Das Unzerstörbare: „Grund-Ja" zum Leben

Angesichts der bisher abgehandelten, für Kafkas erzählerisches Werk typischen dekonstruktiven Figur „des gleichzeitigen Weder-Noch und Sowohl-als-Auch"[175], welche die erzählte Wirklichkeit gleichsam in ein Schweben versetzt und so jeglicher abschließenden, eindeutigen Interpretation zuwiderläuft, muten einige Aphorismen Kafkas, besonders aus der Zürauer Zeit (von September 1917 bis April 1918), zutiefst merkwürdig an.

2.2.1 Zum Begriff des „Unzerstörbaren" in Kafkas Aphorismen

Kafka spricht darin vom „Unzerstörbaren", das Max Brod zufolge „[z]entral für Kafkas Lehre"[176] ist. Wenngleich aufgrund der aphoristischen Form der darin ausgedrückten Weltsicht Kafkas eine allgemeine Systematik abgesprochen werden muss[177], so lassen sich den Aphorismen Kafkas doch grundsätzliche Aussagen entnehmen, welche sich „auf *die* Probleme, *die* Fragen, *die* Dinge, die alle Menschen als Menschen angehen"[178], konzentrieren. Gerade für Kafkas Aphorismen gilt, was Hans Margolius für den Aphorismus im Allgemeinen behauptet:

> „Die Philosophie des Aphorismus ist unmittelbares Ergebnis unserer Erlebnisse, unserer Erfahrungen – Lebensphilosophie. Sie ist zugleich Philosophie des Menschen, nicht Philosophie nur eines besonderen

---
175 Maximilian G. Burkhart: Kafka und déconstruction, S. 390.
176 Max Brod: Über Franz Kafka, S. 235.
177 Zum allgemeinen Verhältnis von Aphorismus und Systematik siehe Hans Margolius: System und Aphorismus.
178 Hans Margolius: System und Aphorismus, S. 288.

Kreises, einer ausgewählten Gruppe von Menschen. [...] Ihr Philosophieren ist ein Philosophieren aus *elementaren* Interessen heraus."

Bei Kafka besteht dieses Interesse im Unzerstörbaren in jedem Menschen, wie Max Brod erklärt:

„Wieder erscheint dieses ‚Unzerstörbare' im Menschen als der zentrale Punkt von Kafkas Weltgefühl. Ja, es bekommt (Aph. 70, 71) eine Präzisierung: ‚Das Unzerstörbare ist eines; jeder einzelne Mensch ist es und gleichzeitig ist es allen gemeinsam, daher die beispiellos untrennbare Verbindung der Menschen.' [...] Kafka geht also vom Einzelnen, vom Ich aus, – aber gerade im Ich, wenn es mit voller Wahrheit, in Gotthingegebenheit, in Liebe erlebt wird, fühlt sich der Mensch eines mit all seinen Mitmenschen. [...] Das richtig erlebte Ich und die richtig erlebte Gemeinschaft sind also für Kafka nicht etwa Gegensätze, sondern sie fallen in eins zusammen. Daher kann man Kafka weder als Kollektivisten noch als Individualisten auffassen. Sondern sein zentraler Begriff des ‚Unzerstörbaren' steht genau da, wo der scheinbare Gegensatz zwischen Ich und Kollektiv als scheinbar erkannt und als wesenlos aufgehoben wird."[179]

Wir wollen diesem grundsätzlich *ethischen* Verständnis des Unzerstörbaren bei Kafka nicht widersprechen, es jedoch in den Rahmen unserer differenztheoretischen Überlegungen stellen und als solches neu zu rekonstruieren versuchen. Zu diesem Zweck folgen wir der *Dekonstruktion*[180] Jacques Derridas, da die für sie typische

---

179 Max Brod: Über Franz Kafka, S. 240f.
 Für einen Abriss der verschiedenen Interpretationen (auch in Abgrenzung zu Brods Lesart) von Kafkas Aphorismen siehe ausführlich Richard T. Gray: Constructive destruction, S. 1-20 sowie Hartmut Binder: Kafka-Handbuch 2, S. 474-497.

180 Passenderweise hat auch Richard T. Gray seinen ausführlichen Untersuchungen über Kafkas Aphorismen den Titel *Constructive destruction* gegeben und drückt damit eine ähnliche Intention aus: „'Constructive Destruction' ('aufbauende Zerstörung') is a phrase used by Kafka to describe the discursive method of Kierkegaard. I take this description to be generally appropriate to the method of the aphorist, as well as relevant to the practice Kafka employs in his aphoristic texts. Kafka

Struktur „des gleichzeitigen Weder-Noch und Sowohl-als-Auch"[181] bereits im ersten Teil der Arbeit an zahlreichen Beispielen aus dem Werk Kafkas veranschaulicht wurde und darüber hinaus – in Analogie zu Kafkas Begriff des „Unzerstörbaren" – auch den Terminus des „Undekonstruierbaren" (*l'indéconstructible*) an zentraler Stelle hervorhebt:

> „Everything in deconstruction is driven by the undeconstructible, fired and inspired, inflamed and impassioned, set into motion by what is not deconstructible. Deconstruction is internally related to the undeconstructible and is incoherent without it."[182]

2.2.2 Das Unzerstörbare als Undekonstruierbares: Kafka mit Derrida lesen

Derrida selbst hat den Begriff des „Undekonstruierbaren" explizit 1989 in seinem Vortrag *Gesetzeskraft. Der „mystische Grund der Autorität"* angeführt, in dem er Walter Benjamins Aufsatz *Zur Kritik der Gewalt* (1921) dekonstruktiv liest und so in die zeitgenössische Debatte um Recht, Gewalt und Gerechtigkeit eingreift.

Derrida grenzt darin die Gerechtigkeit (*justice*) vom Recht (*loi*) ab, wenn er behauptet, dass sich „die Dekonstruktion [...] in dem Zwischenraum [ereignet], der die Unmöglichkeit einer Dekonstruktion der Gerechtigkeit von der Möglichkeit der De-

---

applies the aphorism in an attempt to find a new literary-discursive method for coming to terms with the self in textual form. He comes to understand aphoristic discourse as a means of expression in which self-critique and self-projection productively interrelate to produce a 'constructive destruction' of the self, i.e. a dismantling and reconstruction of the self accomplished through a specific textual medium" (Constructive destruction, S. 19f.).

181 Maximilian G. Burkhart: Kafka und déconstruction, S. 390.
182 Jacques Derrida: Deconstruction in a nutshell, S. 128.

konstruktion des Rechts, von der legitimierenden oder legitimierten Autorität trennt. Als Erfahrung des Unmöglichen ist sie, selbst wenn es sie (noch) oder nie gibt, dort möglich, wo es Gerechtigkeit gibt. Überall dort, wo man das X der Gerechtigkeit ersetzen, übersetzen, festsetzen kann, sollte man sagen: Die Dekonstruktion ist die Gerechtigkeit. [...] Die Dekonstruktion ist in dem Maße / dort als unmögliche mögliche, in dem / *wo es X (Undekonstruierbares) gibt*; sie ist also in dem Maße / dort möglich, in dem / wo *es gibt* (dies ist das Undekonstruierbare)"[183].

An anderer Stelle präzisiert Derrida den Begriff der Gerechtigkeit, den er wie folgt bestimmt:

> „To speak of justice is not a matter of knowledge, of theoretical judgment. That's why it's not a matter of calculation. You can calculate what is right. You can judge; you can say that, according to the code, such and such a misdeed deserves ten years imprisonment. [...] Justice, if it has to do with the other, with the infinite distance of the other, is always unequal to the other, is always incalculable. You cannot calculate justice. Levinas says somewhere that the definition of justice – which is very minimal but which I love, which I think is really rigorous – is that *justice is the relation to the other*. That is all. Once you relate to the other as the other, then something incalculable comes on the scene, something which cannot be reduced to the law or the history of legal structures. That is what gives deconstruction its movement, that is, constantly to suspect, to criticize the given determinations of culture, of institutions, of legal systems, not in order to destroy them or simply to cancel them, but to be just with justice, to respect this relation to the other as justice."[184]

Insofern ist die Dekonstruktion nicht „a merely destructive and negative assault on anything still standing"[185], sondern immer schon „undertaken *in the name of something*, something affirmatively *un*deconstructible", weil – wie Derrida selbst sagt – „die Bewegung

---

183   Jacques Derrida: Gesetzeskraft, S. 30f.
184   Jacques Derrida: Deconstruction in a nutshell, S. 17f.
185   Jacques Derrida: Deconstruction in a nutshell, S. 128.

der Dekonstruktion es selbst voraussetzt"[186]. Aus diesem Grunde beschränkt sich die Dekonstruktion „nicht auf eine Methode (Reduktion auf das Einfache) noch auf eine Analyse"; sie geht laut Derrida vielmehr „über die kritische Bestimmtheit und sogar über die Idee des Kritischen hinaus. Deshalb ist sie nicht negativ [...]. Für mich begleitet sie immer eine Forderung zur Bejahung, ich würde sogar sagen, daß sie nie ohne Liebe vor sich gehen kann"[187].

Dabei ist jener affirmative Gestus des Ja-Sagens (*oui-dire*) nicht mit dem I-A des Esels zu verwechseln, demzufolge „*bejahen nichts weiter ist als tragen, auf sich nehmen*[,] [a]*uf das Wirkliche, wie es ist, eingehen, die Realität, wie sie ist, auf sich nehmen.*"[188], sondern vielmehr theorietechnisch zu verstehen als die „transzendentale Bedingung jeder performativen Dimension"[189] und damit jeglichen Tuns in der Wirklichkeit:

> „Ein Versprechen, ein Schwur, ein Befehl, eine Verpflichtung implizieren immer ein *ja, ich unterschreibe*. Das *ich* des *ich unterschreibe* sagt und sagt sich ja, selbst wenn es ein Simulakrum unterschreibt. Jedes von einer performativen Markierung erzeugte Ereignis, jede Schrift im weiten Sinn verpflichtet ein *ja*, ob es nun als solches phänomenalisiert, das heißt verbalisiert oder adverbalisiert ist oder nicht."

Für Derrida ist das *Ja* (*oui*) demnach „absolutely originary"[190] und als solches „the moment of institution, of the origin", dem „nothing precedes":

> „Bevor das *Ich* des *Ich bin* bejaht oder ablehnt, setzt es sich vor: nicht als *ego*, bewußtes oder unbewußtes Ich, männliches oder weibliches Subjekt, Geist oder Fleisch, sondern als vor-performative Kraft, die in der Form des ‚ich' zum Beispiel markiert, daß *ich* sich an andere

---

186 Jacques Derrida: Marx & Sons, S. 86.
187 Peter Engelmann: Philosophien, S. 60.
188 Gilles Deleuze: Nietzsche und die Philosophie, S. 196.
189 Jacques Derrida: Ulysses Grammophon, S. 101.
190 Jacques Derrida: Deconstruction in a nutshell, S. 27.

adressiert, so unbestimmt er oder sie auch sei: ‚Ja-ich', ‚ja-ich-sage-dem-anderen', selbst wenn *ich* ‚nein' sagt und sogar wenn *ich* sich adressiert, ohne etwas zu sagen."[191]

Im *Ja* ist somit jene „Selbst-Setzung seiner selbst"[192] begründet, ohne die kein Erkennen, kein Denken, kein Sprechen, schlichtweg keine Wirklichkeit möglich ist, wenngleich kein Erkennen, kein Denken und kein Sprechen sie (diskursiv) zu fassen vermag ohne nicht selbst paradox zu werden, indem sie Differenz als Einheit erkennt, denkt oder kommuniziert[193]:

---

191 Jacques Derrida: Ulysses Grammophon, S. 102.
192 Jacques Derrida: Ulysses Grammophon, S. 106.
193 In systematischer Hinsicht wird damit auf das fundamentale Problem des infiniten Regresses der Begründung jeglichen diskursiven Wissensanspruchs verwiesen. So hat bereits Johann Gottlieb Fichte im Rahmen seiner Erörterungen über die Wissenschaftslehre – gegen Schelling und Hegel – deutlich gemacht, dass „kein Wissen sich selbst begründen und beweisen [kann]" (Die Bestimmung des Menschen, S. 112); denn „jedes Wissen setzt ein noch Höheres voraus, als seinen Grund, und dieses Aufsteigen hat kein Ende." Kein Wissen kann die Wirklichkeit bzw. Wahrheit Wissen und Gewusstem *per se* unmöglich macht. Die Diskursivität des Wissens begründet – als sein transzendentaler Ermöglichungsgrund – somit zugleich jene „Tragödie des Wissens", die darin besteht, dass es das, was es zu ergreifen versucht (nämlich die Einheit der Differenz von Theorie und Wirklichkeit) gerade dadurch zerstört, dass es dies ergreift, wofür wohl Narziss das prominenteste Beispiel ist: „Küsse gab er, wie oft! Vergebens der trügenden Quelle, / Tauchte die Arme, wie oft! Den erschauten Hals zu umschlingen, / mitten hinein in die Flut und kann sich in dieser nicht greifen" (Ovid: Metamorphosen III, 427ff.). Theorietechnisch gesprochen scheitert somit grundsätzlich jegliches diskursives Verfahren (sei es Wissen oder Sprechen) daran, das fundamentale Problem jeglicher Theorie der Wirklichkeit, nämlich das der Selbstbegründung ihres eigenen Wahrheitsanspruchs, aufzulösen.
Gerade dieses fundamentale Paradoxon macht laut Aage Hansen-Löve das zehnte und letzte (in einer Reihe von Paradoxien) in Kafkas Parabel *Vor dem Gesetz* aus: „Indem das Bewußtsein das produziert, wozu es alleine fähig ist, Sinn nämlich und Bedeutung, Symbolik,

„Die Selbstsetzung im *ja* oder *Ay* ist jedoch weder tautologisch noch narzißtisch, ebensowenig ist sie egologisch, selbst wenn sie die Bewegung der zirkulären Wiederaneignung einleitet, die Odyssee, die all diesen bestimmten Modalitäten Statt geben kann. Sie hält den Kreis offen, den sie anbricht. Auch sie ist noch nicht performativ, noch nicht transzendental, obwohl sie von jeder Performativität, *a priori* von jeder konstativen Theoriezität, von jedem Wissen und jeder Transzendentalität vorausgesetzt bleibt. Aus dem gleichen Grund ist sie vor-ontologisch, wenn die Ontologie sagt, was ist oder das Sein dessen sagt, was ist."[194]

Derrida zufolge sind wir somit immer schon aufgerufen, dem „nicht dekonstruierbaren Gebot der Gerechtigkeit"[195] nachzukommen, das dadurch unmittelbar Interpersonalität begründet, da das *Ja* das „Sich-an-den-anderen-adressieren"[196] markiert:

„*Ja*, Bedingung jeder Unterschrift [und somit jeder Identität; H.M.] und jeden Performativs, richtet sich an anderes, das es nicht konstituiert, und das es nur zu *fragen* anfangen kann, als Antwort auf eine immer vorgängige Frage, *es zu fragen, ja* zu sagen. Die Zeit erscheint erst von dieser singulären Anachronie her. Diese Verpflichtungen können fiktiv, trügerisch, immer umkehrbar bleiben, die Adresse teilbar oder unbestimmt, das ändert nichts an der Notwendigkeit der Struktur. Sie bricht *a priori* jeden möglichen Monolog. [...] Aber man versteht, warum der Anschein eines Monologs sich hier aufdrängen kann, eben aufgrund des *ja, ja*. Das *ja* sagt nichts und fragt um nichts anderes als um ein anderes *ja*, das *ja* eines anderen, von dem wir se-

---

Zusammenhang, Konsequenz, Logik, Wissen; indem das Bewußtsein bei sich selbst bleibt, produziert es unentwegt Erklärungen und Deutungen. Es kann alles, nur das eine nicht: Evidenz schaffen. Indem es auf das Paradoxale stößt, macht es sich – mit der Kennermiene des Sophisten oder mit der Aura des Weisen (aus dem Morgen- oder gar Abendlande) – daran, den Knoten aufzulösen, den Widerspruch zu bereinigen" (Vor dem Gesetz, S. 155).

194 Jacques Derrida: Ulysses Grammophon, S. 107.
195 Jacques Derrida: Marx & Sons, S. 130, Anm. 64.
196 Jacques Derrida: Ulysses Grammophon, S. 102.

hen werden, daß es analytisch – oder durch *Synthese a priori* – in dem ersten *ja* enthalten ist."[197]

Insofern schließlich ist die „per definitionem ungeduldig[e], unnachgiebig[e] und bedingungslos[e]"[198] Forderung der Gerechtigkeit „zugleich [...] auch die Möglichkeit und die Notwendigkeit einer Dekonstruktion"[199].

Ähnlich ließe sich auch das Unzerstörbare bei Kafka als jenes undekonstruierbare Gebot der Gerechtigkeit verstehen, da es „gleichzeitig [...] allen gemeinsam [ist]"[200] und daher eine „beispiellos untrennbare Verbindung der Menschen" miteinander stiftet. Wie bei Derrida, so ist auch bei Kafka jene untrennbare Verbindung der Menschen untereinander „not a matter of knowledge, of theoretical judgment"[201], sondern unmittelbar praktisch:

> „... Verlassen sind wir doch wie verirrte Kinder im Walde. Wenn Du vor mir stehst und mich ansiehst, was weißt Du von den Schmerzen, die in mir sind und was weiß ich von den Deinen. Und wenn ich mich vor Dir niederwerfen würde und weinen und erzählen, was wüßtest Du von mir mehr als von der Hölle, wenn Dir jemand erzählt, sie ist heiß und fürchterlich. Schon darum sollten wir Menschen vor einander so ehrfürchtig, so nachdenklich, so liebend stehn wie vor dem Eingang zur Hölle."[202]

Gerade das Unvermögen, die Schmerzen der Anderen zu kennen (was in der notwendigen operativen Geschlossenheit des Bewusstseins begründet ist[203]), zieht Kafka zufolge nicht nach sich, den

---

197 Jacques Derrida: Ulysses Grammophon, S. 103.
198 Jacques Derrida: Marx' Gespenster, S. 51.
199 Jacques Derrida. Marx & Sons, S. 130, Anm. 64.
200 Franz Kafka: Beim Bau der chinesischen Mauer, S. 189.
201 Jacques Derrida: Deconstruction in a nutshell, S. 17.
202 Franz Kafka: Briefe (1900-1912), S. 28.
203 „Ohne Geschlossenheit würde das System seine eigenen Operationen fortwährend mit denen seiner Umwelt, Bewußtseinszustände mit äußeren Zuständen oder Wörter mit Sachen verwechseln. Es wäre nicht in der Lage, die Unterscheidung von Selbstreferenz und Fremdreferenz

67

Anderen unbeachtet zu lassen bzw. nicht auch als Ich anzuerkennen; vielmehr spricht gerade aus ihm jenes Gebot der Gerechtigkeit, den Anderen als „transzendentales alter *ego*"[204] anzuerkennen, damit er nicht vollständig in der Welt untergeht; denn „[i]hm in diesem Sinne ein ego abzustreiten, ist in der Ordnung der Ethik die Geste selbst jeder Gewalt. Würde der Andere nicht als ego anerkannt, bräche seine Andersheit zusammen". Erst die Zuschreibung einer Ichhaftigkeit lässt den Anderen (als alter *ego*) Anderer sein und fordert mich zugleich auf, diese anzuerkennen und ernst zu nehmen, d.h. auch in seinem Leiden:

> „[D]er Andere als Anderer ist ein Phänomen des ego: Phänomen einer bestimmten für das ego als ego im allgemeinen [...] irreduziblen Nicht-Phänomenalität. Es ist nämlich unmöglich, dem alter ego [...] zu begegnen, es ist unmöglich, es in der Erfahrung und in der Sprache zu achten, ohne daß dieser Andere in seiner Andersheit für ein ego (überhaupt) *erscheint*. Man wäre nicht imstande zu sprechen oder irgendeine Vorstellung vom schlechthin Andern zu haben, gäbe es kein Phänomen des schlechthin Andern als solchen."[205]

Jener Primat der praktischen Vernunft bei Derrida findet sich somit auch bei Kafka, wenn dieser schreibt: „Nicht jeder kann die Wahrheit sehn, aber sein."[206] Denn: „Du bist die Aufgabe. Kein

---

vorzunehmen. Es könnte nicht einmal äußere und innere Zustände miteinander vergleichen. Es könnte den Beobachter nicht vom Beobachteten trennen. Es könnte keine Erkenntnis produzieren" (Niklas Luhmann: Dekonstruktion als Beobachtung zweiter Ordnung, S. 281) – mit der Konsequenz, dass „[i]ch [...] nicht in Ihr Bewußtsein hineindenken [kann] und Sie nicht in meines. [...] Sie können nicht meine Gedanken deformieren, indem Sie sozusagen Ihr Bewußtsein da hineinbringen" (Niklas Luhmann: Die Ausdifferenzierung des Kunstsystems, S. 86).

204 Jacques Derrida: Gewalt und Metaphysik, S. 190.
205 Jacques Derrida: Gewalt und Metaphysik, S. 187f.
206 Franz Kafka: Beim Bau der chinesischen Mauer, S. 186.

Schüler weit und breit."²⁰⁷ Schließlich spricht auch Kafka in voller Übereinstimmung mit Derrida vom „Grund-Ja"²⁰⁸ zur Wirklichkeit, zu dem sich jeder „erst durcharbeiten [muß]". Dieses *Ja* besteht Kafka zufolge schließlich darin, anzuerkennen, dass einem die Verantwortung in der Forderung der Gerechtigkeit nicht „auferlegt wurde, sondern daß du diese Verantwortung selbst bist"²⁰⁹; erst dann *ist* man unzerstörbar bzw. *ist* man überhaupt erst, wie Kafka in einem Aphorismus schreibt²¹⁰.

In diesem Sinne *ist* Georg Bendemann deshalb rückblickend bereits tot als von ihm im *Urteil* erzählt wird²¹¹: Er ist aus der menschlichen Gemeinschaft (seines Freundes und Vaters, seiner Mutter und seiner Frau) ausgetreten, indem er – im Gegensatz zu seinem Vater – weder am Tod seiner verstorbenen Mutter emotional teilhat²¹² noch sich um seinen alten, körperlich geschwächten Vater

---

207 Franz Kafka: Beim Bau der chinesischen Mauer, S. 173.
208 Franz Kafka: Nachgelassene Schriften und Fragmente II, S. 102.
209 Franz Kafka: Beim Bau der chinesischen Mauer, S. 200.
210 „Glauben heißt: das Unzerstörbare in sich befreien oder richtiger: sich befreien oder richtiger: unzerstörbar sein oder richtiger: sein" (Beim Bau der chinesischen Mauer, S. 180). Ähnlich heißt es auch in einem anderen Aphorismus: „Der Mensch kann nicht leben ohne ein dauerndes Vertrauen zu etwas Unzerstörbarem, wobei sowohl das Unzerstörbare als auch das Vertrauen ihm dauernd unbekannt bleiben können. Eine der Ausdrucksmöglichkeiten dieses Verborgen-Bleibens ist der Glaube an einen persönlichen Gott" (Beim Bau der chinesischen Mauer, S. 183).
211 Zur folgenden Deutung siehe Axel Sanjosé: Franz Kafka: Zum Werk, S. 12-17.
212 „Nun hatte aber Georg seit jener Zeit [seit dem Tod seiner Mutter; H.M.], so wie alles andere, auch sein Geschäft mit größerer Entschlossenheit angepackt. Vielleicht hatte ihn der Vater bei Lebzeiten der Mutter dadurch, daß er im Geschäft nur seine Ansicht gelten lassen wollte, an einer wirklichen eigenen Tätigkeit gehindert, vielleicht war der Vater seit dem Tode der Mutter, trotzdem er noch immer im Geschäft arbeitete, zurückhaltender geworden (Erzählungen, S. 53).

kümmert[213] noch den Kontakt mit seinem in Petersburg lebenden Freund intensiv gepflegt hat[214]. Darüber hinaus deutet der Vater an, dass Georgs Hochzeit mit Frieda Brandenfeld, „einem ebenso gleichgültigen Mädchen"[215], allein aus sexuellen Gründen geschlossen wurde:

> „[W]eil sie die Röcke so und so und so gehoben hat, hast du dich an sie herangemacht, und damit du an ihr ohne Störung dich befriedigen kannst, hast du unserer Mutter Andenken geschändet, den Freund verraten und deinen Vater ins Bett gesteckt, damit er sich nicht rühren kann."[216]

Georg Bendemann erscheint dem Leser so als ein „gleichgültige[r] Mensch[]"[217], dessen „Unfähigkeit mit der Außenwelt in eine emotionale Beziehung zu treten"[218] schließlich den eigentlichen Grund für das Todesurteil durch den Vater liefert:

> „Jetzt weißt du also, was es noch außer dir gab, bisher wußtest du nur von dir! Ein unschuldiges Kind warst du ja eigentlich, aber noch

---

213 „[...] in das Zimmer seines Vaters, in dem er schon seit Monaten nicht gewesen war" (Erzählungen, S. 55). So gilt Georgs „Sorge um den alten Vater nicht dessen seelischem Befinden, sondern richtet sich auf technische Details wie Ernährung und Kleidung" (Axel Sanjosé: Franz Kafka: Zum Werk, S. 15).

214 „So beschränkte sich Georg darauf, dem Freund immer nur über bedeutungslose Vorfälle zu schreiben, wie sie sich, wenn man an einem ruhigen Sonntag nachdenkt, in der Erinnerung ungeordnet aufhäufen" (Erzählungen, S. 53). Insofern zielt die Frage des Vaters „Hast du wirklich diesen Freund in Petersburg?" (S. 57) nur vordergründig „auf die reale Existenz der fraglichen Person ab. Der Zweifel bezieht sich auf die Bezeichnung Freund. So trifft die Behauptung: ‚Du hast keinen Freund in Petersburg' den Tatbestand auf qualitativer Ebene tatsächlich" (Axel Sanjosé: Franz Kafka: Zum Werk, S. 14).

215 Franz Kafka: Erzählungen, S. 54.
216 Franz Kafka: Erzählungen, S. 61.
217 Franz Kafka: Erzählungen, S. 54
218 Axel Sanjosé: Franz Kafka: Zum Werk, S. 15.

eigentlicher warst du ein teuflischer Mensch! – Und darum wisse: Ich verurteile dich jetzt zum Tode des Ertrinkens!"[219]

Insofern ist das Urteil gerade *nicht* als „persönliche Abrechnung"[220] aufzufassen, wie Axel Sanjosé betont, „sondern beschreibt einen fast naturhaften Vorgang, als wenn ein Organismus eine abgestorbene Zelle ausschiede. Wichtig ist jedoch, daß Georg die Notwendigkeit des Ganzen selbst erkennt. Er stirbt nicht als Unwissender. Seine Erkenntnis hat dann in der Tat den Tod zur Konsequenz. Bereits im ersten Absatz der Erzählung ‚besiegelt' Georg sein Todesurteil, als er den Brief an den Freund verschließt. Nicht zufällig wandert sein Blick ‚auf den Fluß, die Brücke' – den Ort seiner Hinrichtung. Indem er seine Verlobung mitteilt, bricht er nicht nur sein bisheriges Verhaltensmuster, sondern gesteht sich implizit sein Versagen ein: ‚Ich kann nicht aus mir einen Menschen herausschneiden, der vielleicht für die Freundschaft mit ihm geeigneter wäre, als ich es bin.' So ist der Brief auch der Anlaß für die ‚Enthüllungen' des Vaters; der Akt der Erkenntnis fällt mit dem Urteil zusammen. ‚Wie lang hast du gezögert, ehe du reif geworden bist!' Erst diese Reife macht aber das Urteil möglich; Georg nimmt es an und führt es selber aus. Die Erkenntnis der Ausgeschlossenheit von der menschlichen Gemeinschaft läßt keinen anderen Ausweg als den Tod, ja ist bereits der Tod"[221].

2.2.3 Zusammenfassung

Rückblickend lassen sich somit in Kafkas Nachlass Aphorismen nachweisen, deren systematischer Erklärungsanspruch – trotz ihrer Fragmentarität – mit Hilfe der Dekonstruktion Jacques Derridas

---
219 Franz Kafka: Erzählungen, S. 63.
220 Axel Sanjosé: Franz Kafka: Zum Werk, S. 16.
221 Axel Sanjosé: Franz Kafka: Zum Werk, S. 16f.

rekonstruiert werden kann und so eine neue Lesart möglich macht. Demnach widersteht Kafkas Begriff des *Unzerstörbaren* jeglicher Negativität und Passivität und ist – im Sinne des *Undekonstruierbaren* bei Derrida – vielmehr als „pure and unconditional affirmation – *'viens, oui, oui'*"²²², d.h. als „Grund-Ja"²²³ zum Leben aufzufassen, das schließlich die „beispiellos untrennbare Verbindung der Menschen"²²⁴ untereinander begründet. In diesem Sinne ist es rückwirkend sowohl in einem theorietechnischen als auch in einem literarischen Sinne konstitutiv für unsere differenztheoretische Deutung der Texte Kafkas im ersten Teil der vorliegenden Arbeit: Philosophische Theorie der Wirklichkeit sowie Literatur setzen beide immer schon „die Bedeutungs*fähigkeit* der Sprache"²²⁵ voraus; denn „Sprache setzt und Sprache bedeutet (da sie etwas zusammenfügt), aber Sprache kann nicht Bedeutung setzen; sie kann Bedeutung nur in ihrer bekräftigten Falschheit wiederholen (oder reflektieren)"²²⁶, wie Paul de Man betont. Dementsprechend ist „Sprache' [...] nicht zu verstehen als gegebene Struktur oder als teleologischer Prozeß, sondern als der Imperativ, daß es eine Sprache überhaupt erst geben solle. Wir *gebrauchen* Sprache nicht, ohne daß wir sie zunächst *brauchen* und also fordern – und mit ihr uns selbst"²²⁷. Vor aller „wirklichen" Sprache gebietet dieser Imperativ, so Werner Hamacher, „daß es eine Sprache – eine Bedeutung und

---

222 John D. Caputo: Jacques Derrida, S. 7.
223 Franz Kafka: Nachgelassene Schriften und Fragmente II, S. 102.
224 Franz Kafka: Beim Bau der chinesischen Mauer, S. 189.
225 Werner Hamacher: Lectio, S. 162.
226 Paul de Man: Shelleys Entstellung, S. 171f.
227 Werner Hamacher: Lectio, S. 183.
   So heißt es etwa in Samuel Becketts The Unnamable: „[...] I am obliged to speak. I shall never be silent. Never" (S. 294). Im Kontext dieses „you must go on, I can't go on, I'll go on" (Samuel Beckett: The Unnamable, S. 418) spricht Alain Badiou deshalb zu Recht davon, dass „Beckett's genius tends towards affirmation" (On Beckett, S. 41).

eine Deutung – geben müsse. Er spricht nicht eigentlich. Er ist – in jedem Sinn – der Sprache voraus. Er ist – und sein Sein ist – ein *Problem*"[228].

Insofern betrifft das unzerstörbare Gebot der Gerechtigkeit unmittelbar auch das Sprechen bzw. Schreiben, da es will, „*daß Sprache ist*, will das *Urereignis*, das jegliches Ereignis allererst ermöglicht"[229] und insofern (auch) fordert, daß „der Mensch der Sprache sein *Ja*wort, ihrem Stattfinden seine Zustimmung gibt". So trägt bereits der schöpferische Akt des Schreibens selbst etwas durch und durch Affirmatives bzw. Positives in sich, wie wir in Georg Büchners *Lenz* lesen können:

> „Der liebe Gott hat die Welt wohl gemacht wie sie seyn soll, und wir können wohl nicht was Besseres klecksen, unser einziges Bestreben soll seyn, ihm ein wenig nachzuschaffen. Ich verlange in allem Leben, Möglichkeit des Daseins, und dann ist's gut; wir haben dann nicht zu fragen, ob es schön, ob es hässlich ist, das Gefühl, dass Was geschaffen sey, Leben habe, stehe über diesen Beiden, und sey das einzige Kriterium in Kunstsachen. [...] Man versuche es einmal und senke sich in das Leben des Geringsten und gebe es wieder, in den Zuckungen, den Andeutungen, dem ganzen feinen, kaum bemerkten Mienenspiel. [...] Man möchte manchmal ein Medusenhaupt seyn, um so eine Gruppe in Stein verwandeln zu können, und den Leuten zurufen. [...] Die schönsten Bilder, die schwellendsten Töne, gruppieren, lösen sich auf. Nur eins bleibt, eine unendliche Schönheit, die aus ei-

---

228 Werner Hamacher: Lectio, S. 186.
Dies zeigt sich laut Hamacher besonders bei allegorischen Texten, zu denen durchaus auch Kafkas Werke zu zählen sind: „Allegorische Texte sind imperativ" (Lectio, S. 170). Denn „[i]n jeder Allegorie – und jede ist nach de Mans Darstellung eine Allegorie der Unbestimmtheit der Sprache – schlägt die negative Einsicht durch, daß es (noch) keine konstituierte Sprache gibt. [...] Der Imperativ der Deutung und der Bedeutsamkeit [der von jeder Allegorie ausgeht; H.M.] ist also zunächst und vor allem der epistemologisch nie im strengen Sinn begründbare Imperativ, daß es eine Sprache geben soll" (Lectio, S. 182).
229 Giorgio Agamben: Die Sprache und der Tod, S. 141.

ner Form in die andre tritt, ewig aufgeblättert, verändert, man kann sie aber freilich nicht immer festhalten und in Museen stellen und auf Noten ziehen und dann Alt und Jung herbeirufen, und die Buben und Alten darüber radotieren und sich entzücken lassen. Man muß die Menschheit lieben, um in das eigenthümliche Wesen jedes einzudringen, es darf einem keiner zu gering, keiner zu häßlich seyn, erst dann kann man sie verstehen."[230]

---

230 Georg Büchner: Lenz, S. 16f.

3. Schluss

Aus einer differenztheoretischen Sicht ist somit das *gesamte* Werk Kafkas getragen von einer basalen Affirmation, einem „Grund-Ja" zur Wirklichkeit und deshalb gerade nicht bloß Ausdruck „einer Verzweiflung an [der] eigenen Existenz und Weltauffassung"[231] in Form einer „ästhetischen Negativität"[232], wie bisweilen behauptet wird.

Dies zeigt sich bei Kafka auch noch daran, dass z.B. die – unsere vertraute Wirklichkeit (in Form von distinkten Unterscheidungen) gleichsam auflösenden – Werke *Das Schloss* und *Der Process* in sich selbst eine Form von Humor bewahren. So wissen wir von Max Brod, dass Kafka bei den Lesungen seiner Texte manchmal in Gelächter ausbrach:

> „Wenn Kafka selber vorlas, wurde dieser Humor besonders deutlich. So zum Beispiel lachten wir Freunde ganz unbändig, als er uns das erste Kapitel des ‚Prozeß' zu Gehör brachte. Und er selbst lachte so sehr, daß er weilchenweise nicht weiterlesen konnte. – Erstaunlich genug, wenn man den fürchterlichen Ernst dieses Kapitels bedenkt. Aber es war so."[233]

Darüber hinaus liegt in der für die Werke Kafkas charakteristischen Struktur der *In*differenz bzw. *Un*unterscheidbarkeit selbst etwas Absurdes bzw. Komisches[234], wie Charles Baudelaire betont: „Komisch – d.i. lusterregend und erhebend – wirkt [der] Widerspruch, sofern wir das sinnvoll Erscheinende doch als sinnlos zu

---

231 Stefan H. Kaszyński: Kleine Geschichte des österreichischen Aphorismus, S. 94.
232 Vgl. Karl Heinz Bohrer: Ästhetische Negativität, S. 229ff.
233 Max Brod: Über Franz Kafka, S. 156.
234 Darauf verweist auch Gerhard Neumann im Anhang von *Umkehrung und Ablenkung*, S. 740ff.

erkennen vermögen."²³⁵ Ähnlich meint auch Kant in der *Kritik der Urteilskraft*:

> „Es muß in allem, was ein lebhaftes, erschütterndes Lachen erregen soll, etwas Widersinniges sein (woran also der Verstand an sich kein Wohlgefallen finden kann). *Das Lachen ist ein Affekt aus der plötzlichen Verwandlung einer gespannten Erwartung in nichts.*"²³⁶

Beispielhaft dafür sind vor allem die oben im ersten Teil der Arbeit beschriebenen Fälle, in denen die Unterscheidung von digitaler und analoger Ebene der Kommunikation unterlaufen wird. So spricht etwa aus Josef K.s Verhalten zu Beginn des dritten Kapitels (*Erste Untersuchung*) eine Anerkennung des Gerichts, die er noch am Ende des zweiten Kapitels (*Gespräch mit Frau Grubach / Dann Fräulein Bürstner*) vehement bestritten hat, „woraus sich eine ko-

---

235 Charles Baudelaire: Über das Wesen des Lachens insonderheit über das Komische in der Kunst, S. 224f.
236 Immanuel Kant: Kritik der Urteilskraft, S. 190.
In den (einfacheren) Worten Pavel Petrs: „Als komisch werden mehrere spezifische Formen von Regelverletzung empfunden. Eine Form ist in der Nichtübereinstimmung von Schein und Sein (Geltungsanspruch und Geltung, Vorspiegelung und Wirklichkeit) gegeben, andere beruhen auf der Inkongruenz veränderter Gegebenheiten und unveränderter Einstellung (Komik der Inflexibilität, Mechanik oder Stereotypie), oder der Diskrepanz zwischen Wollen und Können (‚Komik des Versagens, Unzulänglichkeitskomik'), sowie zwischen Zweck und Mittel (zuviel oder zuwenig Aufwand). [...] Formen von Sprachkomik ergeben sich durch Wortspiele, die typischerweise darauf basieren, daß von mehreren Bedeutungen eine falsche, Widerspruch provozierende gewählt wird; oder aus der Nichterfüllung von Erwartungen durch eine (entsprechend präsentierte) offensichtliche Unlogik beziehungsweise logische Widersprüche (Unsinnskomik formalen, z.B. akustischen, oder sachlichen Charakters). Wenn man mit völligem Ernst über Absurditäten redet, ergibt sich ein komischer Effekt" (Kafkas Spiele, S. 119).

mische Diskrepanz ergibt"[237]; darüber hinaus enthalten „die Bücher des Richters [...] nur obszöne Bilder. Das Gesetz steht in einem Pornoheft"[238]. In ähnlicher Weise kommen im *Schloss* „auf einen Bauern mehrere Schlossangestellte und der Riesenaufwand der Aktenverteilung führt zu einem höchst bescheidenen Ergebnis (komische Diskrepanzen)", wie Pavel Petr feststellt: „Die Beamten ‚schlafen im Amt und trinken Bier, berufen Schankmädchen zu ihrem Zeitvertreib als Geliebte', die beiden Gehilfen erinnern an Clowns."[239] In diesem Sinne ist Kafka auch „ein *lachender* Autor, erfüllt von einer tiefen Fröhlichkeit, trotz oder gerade wegen seiner Clownerien, die er wie eine Falle aufbaut oder wie einen Zirkus vorführt"[240]. Das Eigentümliche bzw. „Kafkaeske" der Literatur Kafkas ist somit nicht bloß „auf rätselhafte Weise unheimlich, bedrohlich"[241], wie es oft heißt, sondern enthält zugleich auch „etwas Befreiendes, [...] etwas Großartiges und Erhebendes"[242], das darauf beharrt, „daß ihm die Traumen der Außenwelt nicht nahegehen können".

---

237 Pavel Petr: Kafkas Spiele, S. 123. Zu diesem und den folgenden Beispielen siehe Pavel Petr: Kafkas Spiele, S. 123ff. Für weitere Exempla, die in der „ambiguïté fondamentale de l'œuvre dans sa signification" (S. 79f.) begründet sind, siehe auch Michel Dentan: Humour et création littéraire dans l'œuvre de Kafka, S. 80ff.
238 Gilles Deleuze/Felix Guattari: Kafka, S. 68.
239 Pavel Petr: Kafkas Spiele, S. 124f.
240 Gilles Deleuze/Felix Guattari: Kafka, S. 58.
241 DUDEN, S. 478.
242 Sigmund Freud: Der Humor, S. 278.
Ähnlich meint auch Kafkas Weggefährte Felix Weltsch, dass „[d]er Humor [...] den Weg zum Sinn öffnet; man begreift lächelnd den vorgegebenen Unsinn und wird frei. Der Humor schafft Distanz und – Luft. Aber er vermag noch mehr: er bessert den Menschen. Er macht ihn objektiv und versöhnlich. Er ist ein Antibiotikum gegen den Hass" (Religion und Humor im Leben und Werk Franz Kafkas, S. 94).

Franz Kafka schrieb einmal, dass es „[v]on einem gewissen Punkt an [...] keine Rückkehr mehr [gibt]. Dieser Punkt ist zu erreichen"[243]. Am Ende unserer Untersuchung dämmert uns, dass Kafka selbst in seinem Werk an diesen Punkt gelangt ist. Es ist an uns, ihm dorthin zu folgen.

---

243 Franz Kafka: Beim Bau der chinesischen Mauer, S. 229.

Literaturverzeichnis

1. Primärliteratur bzw. -medien

Agamben, Giorgio: Homo sacer. Die souveräne Macht und das nackte Leben. Frankfurt a.M. 2002.

Agamben, Giorgio: Ausnahmezustand (*Homo sacer II.I*). Frankfurt a.M. 2003.

Agamben, Giorgio: Profanierungen. Frankfurt a.M. 2005.

Agamben, Giorgio: Die Sprache und der Tod. Ein Seminar über den Ort der Negativität. Frankfurt a.M. 2008.

Aristoteles: Metaphysik. In: Ders.: Philosophische Schriften in sechs Bänden, Bd. 5, übers. v. Hermann Bonitz. Hamburg 1995.

Baudelaire, Charles: Über das Wesen des Lachens insonderheit über das Komische in der Kunst. In: Ders.: Gesammelte Schriften, Bd. 3, hrsg. u. übers. v. Max Bruns. Minden o.J.

Beckett, Samuel: The Unnamable. In: Ders.: Trilogy. Molloy. Malone Dies. The Unnamable. London 2003, S. 293-418.

Benjamin, Walter: Zur Kritik der Gewalt. In: Ders.: Zur Kritik der Gewalt und andere Aufsätze. Frankfurt a.M. ²1971, S. 29-65.

Bourdieu, Pierre: Das Recht und die Umgehung des Rechts. In: Michael Florian/Frank Hillebrandt (Hg.): Pierre Bourdieu: Neue Perspektiven für die Soziologie der Wirtschaft. Wiesbaden 2006, S. 19-41.

Büchner, Georg: Lenz, hrsg. v. Burghard Dedner. Frankfurt a.M. 1998.

Deleuze, Gilles: Das Zeit-Bild. Kino 2. Frankfurt a.M. 1997.

Derrida, Jacques: Gewalt und Metaphysik. Essay über das Denken Emmanuel Levinas'. In: Ders.: Die Schrift und die Differenz. Frankfurt a.M. 1976, S. 121-235.
Derrida, Jacques: Ulysses Grammophon. Ja-hören-sagen von Joyce. In: Ders.: Ulysses Grammophon. Berlin 1988, S. 43-116.
Derrida, Jacques: Gesetzeskraft. Der „mythische Grund der Autorität". Frankfurt a.M. 1991.
Derrida, Jacques: Die différance. In: Ders.: Randgänge der Philosophie. Wien ²1999, S. 31-56.
Derrida, Jacques: Marx' Gespenster. Der Staat der Schuld, die Trauerarbeit und die neue Internationale. Frankfurt a.M. 2004.
Derrida, Jacques: Marx & Sons. Frankfurt a.M. 2004.
Fichte, Johann Gottlieb: Wissenschaftslehre nova methodo: Kollegnachschrift K. Chr. Fr. Krause 1798/99, hrsg. v. Erich Fuchs. Hamburg ²1994.
Fichte, Johann Gottlieb: Die Bestimmung des Menschen. Stuttgart 1997.
Freud, Sigmund: Der Humor. In: Ders.: Studienausgabe, Bd. IV: Psychologische Schriften, hrsg. v. Alexander Mitscherlich, Angela Richards, James Strachey. Frankfurt a.M. 2000, S. 275-282.
Heidegger, Martin: Identität und Differenz. Pfullingen ⁴1957.
Heidegger, Martin: Sein und Zeit. Tübingen ¹⁶1986.
Heidegger, Martin: Vom Wesen des Grundes. Frankfurt a.M. ⁸1995.
Heidegger, Martin: Einleitung in die Philosophie. Gesamtausgabe, II. Abteilung: Vorlesungen 1919-1944, Bd. 27. Frankfurt a.M. 1996.
Heidegger, Martin: Vom Wesen der Wahrheit. Frankfurt a.M. ⁸1997.
Kafka, Franz: Tagebücher. In: Ders.: Schriften, Tagebücher, Briefe. Kritische Ausgabe, hrsg. v. Jürgen Born, Gerhard Neumann, Malcolm Pasley u. Jost Schillemeit. Frankfurt a.M. 1990.

Kafka, Franz: Nachgelassene Schriften und Fragmente II. In: Ders.: Schriften, Tagebücher, Briefe. Kritische Ausgabe, hrsg. v. Gerhard Neumann, Malcolm Pasley u. Jost Schillemeit. Frankfurt a.M. 1992.

Kafka, Franz: Das Schloß in der Fassung der Handschrift, hrsg. v. Malcolm Pasely. Frankfurt a.M. 1993.

Kafka, Franz: Briefe (1900-1912). In: Ders.: Schriften, Tagebücher, Briefe. Kritische Ausgabe, hrsg. v. Gerhard Neumann, Malcolm Pasley u. Jost Schillemeit. Frankfurt a.M. 1999.

Kafka, Franz: Erzählungen, hrsg. v. Michael Müller. Stuttgart 2002.

Kafka, Franz: Der Proceß in der Fassung der Handschrift, hrsg. v. Hans-Gerd Koch. Frankfurt a.M. ^{10}2003.

Kafka, Franz: Beim Bau der chinesischen Mauer und andere Schriften aus dem Nachlaß in der Fassung der Handschrift, hrsg. v. Hans-Gerd Koch. Frankfurt a.M. 2008.

Kant, Immanuel: Kritik der Urteilskraft. Hamburg ^{7}1990.

Kant, Immanuel: Kritik der reinen Vernunft. Hamburg ^{3}1990.

Lacan, Jacques: Schriften, Bd. I, hrsg. v. Norbert Haas. Weinheim 1986.

Luhmann, Niklas: Soziale Systeme. Grundriß einer allgemeinen Theorie. Frankfurt a.M. 1987.

Luhmann, Niklas: Individuum, Individualität, Individualismus. In: Ders.: Gesellschaftsstruktur und Semantik, Bd. 3. Frankfurt a.M. 1989, S. 149-258.

Luhmann, Niklas: Das Erkenntnisprogramm des Konstruktivismus und die unbekannt bleibende Realität. In: Ders.: Soziologische Aufklärung 5: Konstruktivistische Perspektiven. Opladen 1990, S. 31-58.

Luhmann, Niklas: Die Wissenschaft der Gesellschaft. Frankfurt a.M. 1992.

Luhmann, Niklas: Das Recht der Gesellschaft. Frankfurt a.M. 1993.

Luhmann, Niklas: Die Ausdifferenzierung des Kunstsystems. Bern 1994.
Luhmann, Niklas: Die Kunst der Gesellschaft. Frankfurt a.M. 1997.
Luhmann, Niklas: Die Paradoxie der Form. In: Ders.: Aufsätze und Reden, hrsg. v. Oliver Jahraus. Stuttgart 2001, S. 243-261.
Luhmann, Niklas: Dekonstruktion als Beobachtung zweiter Ordnung. In: Ders.: Aufsätze und Reden, hrsg. v. Oliver Jahraus. Stuttgart 2001, S. 262-294.
Luhmann, Niklas: The paradox of observing systems. In: Ders.: Theories of distinction: redescribing the descriptions of modernity, hrsg. v. William Rasch. Stanford 2002, S. 79-93.
Luhmann, Niklas/Fuchs, Peter: Reden und Schweigen. Frankfurt a.M. 1989.
Lynch, David: Twin Peaks: Fire walk with me. Frankreich, USA 1992, ca. 129 Min. DVD.
Lynch, David: Lost Highway. Frankreich, USA 1997, ca. 135 Min. DVD.
Lynch, David: Inland Empire. Frankreich, Polen, USA 2006, ca. 173 Min. DVD.
Magritte, René: Sämtliche Schriften, hrsg. v. André Blavier. München 1981.
Montaigne, Michel de: Essais, übers. v. Hans Stilett. Frankfurt a.M. 1998.
Ovid: Metamorphosen, übers. v. Erich Rösch. München 1997.
Quine, Willard van Orman: The ways of paradox. In: Ders.: The ways of paradox and other essays. New York 1966, S. 3-20.
Rölleke, Heinz: Grimms Märchen. Frankfurt a.M. 1998.
Saussure, Ferdinand de: Grundfragen der allgemeinen Sprachwissenschaft. Berlin ²1967.
Schmitt, Carl: Politische Theologie. Vier Kapitel zur Lehre von der Souveränität. Berlin ⁷1996.
Spencer-Brown, George: Laws of form. New York ²1979.

Spinoza, Baruch de: Briefwechsel. In: Ders.: Sämtliche Werke, Bd. 6, hrsg. v. Manfred Walther. Hamburg 1986.

2. Sekundärliteratur bzw. -medien

Adorno, Theodor W.: Aufzeichnungen zu Kafka. In: Ders.: Gesammelte Schriften, Bd. 10.1: Kulturkritik und Gesellschaft I. Frankfurt a.M. 1977, S. 254-287.
Allemann, Beda: Stehender Sturmlauf: Zeit und Geschichte im Werke Kafkas. In: Ders.: Zeit und Geschichte im Werk Kafkas, hrsg. v. Diethelm Kaiser u. Nikolaus Lohse. Göttingen 1998, S. 15-36.
Andringa, Els: Die Facette der Interpretationsansätze. In: Bettina von Jagow/Oliver Jahraus (Hg.): Kafka-Handbuch, S. 317-335.
Badiou, Alain: On Beckett, hrsg. v. Nina Power u. Alberto Toscano. Manchester 2003.
Bataille, Georges: Hegel, l'homme et l'histoire. In: Ders.: Oeuvres complètes, Bd. 12: Articles II (1950-1961), Paris 1988, S. 349-369.
Beißner, Friedrich: Der Erzähler Franz Kafka und andere Vorträge. Frankfurt a.M. 1983.
Beißner, Friedrich: Der Erzähler Franz Kafka. In: Ders.: Der Erzähler Franz Kafka und andere Vorträge, S. 19-54.
Beißner, Friedrich: Kafkas Darstellung des „traumhaften innern Lebens". In: Ders.: Der Erzähler Franz Kafka und andere Vorträge, S. 123-148.
Binder, Hartmut (Hrsg.): Kafka-Handbuch, Bd. 2: Das Werk und seine Wirkung. Stuttgart 1979.

Blanchot, Maurice: Wiederholung und Verdopplung. Notiz über Literatur und Interpretation. In: Neue Rundschau, Bd. 2 (1988), 121-130.
Bohrer, Karl Heinz: Ästhetische Negativität. München 2002.
Bolz, Norbert: Philosophie nach ihrem Ende. München 1992.
Borch-Jacobsen, Mikkel: Lacan. Der absolute Herr und Meister. München 1999.
Bowie, Malcolm: Lacan. Göttingen 1997.
Brod, Max: Über Franz Kafka. Frankfurt a.M. 1966.
Burkhart, Maximilian G.: Kafka und déconstruction. In: Bettina von Jagow/Oliver Jahraus (Hg.): Kafka-Handbuch, S. 385-398.
Caputo, John D.: Jacques Derrida (1930-2004). In: Journal for Cultural and Religious Theory, vol. 6, no. 1 (December 2004), S. 6-9.
Deleuze, Gilles: Nietzsche und die Philosophie. Frankfurt a.M. 1985.
Deleuze, Gilles: Bartleby oder die Formel. Berlin 1994.
Deleuze, Gilles/Guattari, Félix: Kafka. Für eine kleine Literatur. Frankfurt a.M. 1976.
Dentan, Michel: Humour et création littéraire dans l'œuvre de Kafka. Genf 1961.
Derrida, Jacques: Deconstruction in a nutshell. A conversation with Jacques Derrida, hrsg. v. John D. Caputo. New York [7]2003.
Dierks, Sonja: Es gibt Gespenster. Betrachtungen zu Kafkas Erzählung. Würzburg 2003.
DUDEN: Fremdwörterbuch. Mannheim [7]2001.
Engel, Manfred/Auerochs, Bernd (Hg.): Kafka-Handbuch. Leben – Werk – Wirkung. Stuttgart; Weimar 2010.
Engelmann, Peter (Hrsg.) : Philosophien. Gespräche mit Michel Foucault, Kostas Axelos, Jacques Derrida, Vincent Descombes, André Glucksmann, Emmanuel Lévinas, Jean-François Lyo-

tard, Jacques Rancière, Paul Ricœur und Michel Serres. Graz 1985.

Evans, Dylan: Wörterbuch der Lacanschen Psychoanalyse. Wien 2002.

Foi, Maria Carolina: Prag als Literaturstadt. In: Die Stadt von K.. Franz Kafka und Prag, hrsg. v. Copa Mangagement. o.O. o.J., S. 138-143.

Fuchs, Thomas: Die Welt als Innenraum. Kafkas „Bau" als Paradigma paranoider Räumlichkeit. In: Nervenarzt 65 (1994), S. 470-477.

Gradmann, Stefan: Topographie/Text: Zur Funktion räumlicher Modellbildung in den Werken von Adalbert Stifter und Franz Kafka. Frankfurt a.M. 1990.

Gray, Richard T.: Constructive destruction. Kafka's aphorisms: literary tradition and literary transformation. Tübingen 1987.

Hamacher, Werner: Lectio. De Mans Imperativ. In: Ders.: Entferntes Verstehen. Frankfurt a.M. 1988, S. 151-194.

Hansen-Löve, Aage A.: Vor dem Gesetz. In: Interpretationen: Franz Kafka: Romane und Erzählungen, hrsg. v. Michael Müller. Stuttgart ²2003, S. 146-157.

Henel, Ingeborg C.: Die Deutbarkeit von Kafkas Werken. In: Zeitschrift für Deutsche Philologie, 86 (1967), S. 250-266.

Hiebel, Hans Helmut: Die Zeichen des Gesetzes. Recht und Macht bei Franz Kafka. München ²1989.

Jagow, Bettina von/Jahraus, Oliver (Hg.): Kafka-Handbuch. Leben – Werk – Wirkung. Göttingen 2008.

Jahraus, Oliver: Nachwort: Zur Systemtheorie Niklas Luhmanns. In: Niklas Luhmann: Aufsätze und Reden, hrsg. v. Oliver Jahraus. Stuttgart 2001, S. 299-333.

Jahraus, Oliver: Martin Heidegger. Eine Einführung. Stuttgart 2004.

Jahraus, Oliver: Kafka. Leben, Schreiben, Machtapparate. Stuttgart 2006.

Jahraus, Oliver: Kafka und der Film. In: Bettina von Jagow/Oliver Jahraus (Hg.): Kafka-Handbuch, S. 224-236.

Jerslev, Anne: David Lynch. Mentale Landschaften. Wien 1996.

Kaszyński, Stefan H.: Kleine Geschichte des österreichischen Aphorismus. Tübingen 1999.

Kessler, Susanne: Sprachkritik und Erzählstruktur. Studien zu Kafkas Poetik. Stuttgart 1983.

Kiesow, Rainer Maria: Das Alphabet des Rechts. Frankfurt a.M. 2004.

Kremer, Detlef: Kafka und die Hermeneutikkritik. In: Bettina von Jagow/Oliver Jahraus (Hg.): Kafka-Handbuch, S. 336-352.

Liska, Vivian: „*Der Bau*". In: Manfred Engel/Bernd Auerochs: Kafka-Handbuch, S. 337-343.

Löbner, Sebastian: Semantik. Eine Einführung. Berlin; New York 2003.

Lotman, Jurij M.: Die Struktur literarischer Texte. München ³1989.

Lynch, David: Lynch über Lynch, hrsg. v. Chris Rodley. Frankfurt a.M. 2006.

Kim, Hyun Kang: Ästhetik der Paradoxie. Kafka im Kontext der Philosophie der Moderne. Würzburg 2004.

Man, Paul de: Shelleys Entstellung. In: Ders.: Die Ideologie des Ästhetischen, hrsg. v. Christoph Menke. Frankfurt a.M. 1993, S. 147-182.

Margolius, Hans: System und Aphorismus. In: Der Aphorismus. Zur Geschichte, zu den Formen und Möglichkeiten einer literarischen Gattung, hrsg. v. Gerhard Neumann. Darmstadt 1976, S. 280-292.

Marius, Benjamin/Jahraus, Oliver: Systemtheorie und Dekonstruktion. Die Supertheorien Niklas Luhmanns und Jacques Derridas im Vergleich. LUMIS-Schriften aus dem Institut für Empirische Literatur- und Medienforschung der Universität Gesamthochschule Siegen 48. 1997.

Neumann, Gerhard: Umkehrung und Ablenkung: Franz Kafkas „gleitendes Paradox". In: Deutsche Vierteljahrsschrift für Literaturwissenschaft und Geistesgeschichte 42 (1968), S. 702-744.

Ort, Nina: Reflexionslogische Semiotik. Zu einer nicht-klassischen und reflexionslogisch erweiterten Semiotik im Ausgang von Gotthard Günther und Charles S. Peirce. Weilerswist 2007.

Petr, Pavel: Kafkas Spiele. Selbststilisierung und literarische Komik. Heidelberg 1992.

Politzer, Heinz: Franz Kafka, der Künstler. Frankfurt a.M. 1965.

Priest, Graham: Beyond the limits of thought. Oxford ²2002.

Pulver, Max: Erinnerungen an eine europäische Zeit. Zürich 1953.

Rehberg, Peter: lachen lesen. Zur Komik der Moderne bei Kafka. Bielefeld 2007.

Sanjosé, Axel: Franz Kafka: Zum Werk. In: Ders. (Hrsg.): Franz Kafka. München 1996. CD-ROM, S. 12-34.

Seeßlen, Georg: David Lynch und seine Filme. Marburg ⁶2007.

Simmel, Georg: Lebensanschauung. In: Ders.: Gesamtausgabe in 24 Bänden, Bd. 16, hrsg. v. Gregor Fitzi u. Ottheim Rammstedt. Frankfurt a.M. 1999, S. 209-425.

Stoichita, Victor I.: Das selbstbewußte Bild. Vom Ursprung der Metamalerei. München 1989.

Todorov, Tzvetan: Einführung in die fantastische Literatur. München 1972.

Vietta, Silvio/ Kemper, Hans-Georg: Expressionismus. München 1975.

Vogl, Joseph: Vierte Person. Kafkas Erzählstimme. In: Deutsche Vierteljahrsschrift für Literaturwissenschaft und Geistesgeschichte 68 (1994), S. 745-756.

Walser, Martin: Beschreibung einer Form. Versuch über Kafka. Frankfurt a.M. 1992.

Watzlawick, Paul/Beavin, Janet H./Jackson, Don D.: Menschliche Kommunikation. Formen, Störungen, Paradoxien. Bern; Stuttgart; Wien ⁷1985.
Weidacher, Georg Ernst: Elemente des Kafkaesken. Problematische Kommunikationsstrukturen als Ursache einer Leserirritation. Erlangen; Jena 1997.
Weltsch, Felix: Religion und Humor im Leben und Werk Franz Kafkas. Berlin 1957.
Zischler, Hans: Kafka geht ins Kino. Reinbek bei Hamburg 1996.
Žižek, Slavoj: The art of the ridiculous sublime. On David Lynch's *Lost Highway*. Seattle 2000.

MÜNCHENER STUDIEN ZUR LITERARISCHEN KULTUR IN DEUTSCHLAND

Herausgegeben von Oliver Jahraus
Gegründet von Renate von Heydebrandt, Georg Jäger und Jürgen Scharfschwerdt

Band 1 Karlheinz Well: Die ‚schöne Seele' und ihre ‚sittliche Wirklichkeit'. Überlegungen zum Verhältnis von Kunst und Staat bei Hegel. 1986.

Band 2 Ingrid Petrasch: Die Konstitution von Wirklichkeit in der Prosa Thomas Bernhards. Sinnbildlichkeit und groteske Überzeichnung. 1987.

Band 3 Ulrich Dannenhauer: Heilsgewißheit und Resignation. Solgers Theorie der absoluten Ironie. 1988.

Band 4 Stefan Dreyer: Schriftstellerrollen und Schreibmodelle im Exil. Zur Periodisierung von Lion Feuchtwangers Romanwerk 1933–1945. 1988.

Band 5 Jörg Theilacker: Der erzählende Musiker. Untersuchung von Musikererzählungen des 19. Jahrhunderts und ihrer Bezüge zur Entstehung der deutschen Nationalmusik. 1988.

Band 6 Ulrich Johannes Beil: Die Wiederkehr des Absoluten. Studien zur Symbolik des Kristallinen und Metallischen in der deutschen Literatur der Jahrhundertwende. 1988.

Band 7 Dieter Lehner: Individualanarchismus und Dadaismus. Stirnerrezeption und Dichterexistenz. 1988.

Band 8 Bernhard Kleinschmidt: Die „gemeinsame Sendung". Kunstpublizistik der Wiener Jahrhundertwende. 1989.

Band 9 Angelika Jodl: Der schöne Schein als Wahrheit und Parteilichkeit. Zur Kritik der marxistischen Ästhetik und ihres Realismusbegriffs. 1989.

Band 10 Michael Ansel: G.G. Gervinus' *Geschichte der poetischen National-Literatur der Deutschen*. Nationbildung auf literaturgeschichtlicher Grundlage. 1990.

Band 11 Angela Schmitt-Gläser: Politik und Roman. Der Zeitungsroman in der „Münchner Post" als Zeugnis der kulturpolitischen Verbürgerlichung der SPD. Eine Untersuchung für das Jahr 1930. 1991.

Band 12 Martin Huber: Text und Musik. Musikalische Zeichen im narrativen und ideologischen Funktionszusammenhang ausgewählter Erzähltexte des 20. Jahrhunderts. 1992.

Band 13 Frank Hafner: ‚Heimat' in der sozialistischen Gesellschaft. Der Wandel des DDR-Bildes im Werk Günter de Bruyns. 1992.

Band 14 Eckhard-Ehmke Sohns: Der Leser Carl Einsteins. Zu einer Kritik der Interpretation in den frühen Texten. 1992.

Band 15 Friederike Meyer: Gefährliche Psyche. Figurenpsychologie in der Erzählliteratur des Realismus. 1992.

Band 16 Oliver Jahraus: Das ‚monomanische' Werk. Eine strukturale Werkanalyse des Oeuvres von Thomas Bernhard. 1992.

Band 17 Dorothea Englert: Literatur als Reflexionsmedium für Individualität. Systemtheoretische Studien zur Funktion des ästhetischen Sinnangebots bei Schiller und Novalis. 1993.

Band 18 Christina Althen: Machtkonstellationen einer deutschen Revolution. Alfred Döblins Geschichtsroman „November 1918". 1993.

Band 19 Hans A. Kaufmann: Nation und Nationalismus in Schillers Entwurf „Deutsche Größe" und im Schauspiel „Wilhelm Tell". Zu ihrer kulturpolitischen Funktionalisierung im frühen 20. Jahrhundert. 1993.

Band 20 Matthias Nöllke: Daniel Spitzers *Wiener Spaziergänge*. Liberales Feuilleton im Zeitungskontext. 1994.

Band 21 Michael Günther: B = Börse + Bordell. Franz Richard Behrens. Wortkunst, Konstruktivismus und das Verschwinden der Lyrik. 1994.

Band 22 Heribert Kuhn: Das Bibliomenon. Topologische Analyse des Schreibprozesses von Robert Musils „Vereinigungen". 1994.

Band 23 Ethel Matala de Mazza: Dichtung als Schau-Spiel. Zur Poetologie des jungen Hugo von Hofmannsthal. 1994.

Band 24 Tobias Heyl: Zeichen und Dinge, Kunst und Natur. Intertextuelle Bezugnahmen in der Prosa Thomas Bernhards. 1995.

Band 25 Dieter Wenk: Postmodernes Konversationstheater. Wolfgang Bauer. 1995.

Band 26 Caroline Pross: Falschnamenmünzer. Zur Figuration von Autorschaft und Textualität im Bildfeld der Ökonomie bei Jean Paul. 1997.

Band 27 Claudia Streit: (Re-)Konstruktion von Familie im sozialen Roman des 19. Jahrhunderts. 1997.

Band 28 Nikolai Vogel: E. T. A. Hoffmanns Erzählung *Der Sandmann* als Interpretation der Interpretation. 1998.

Band 29 Julia Encke: Kopierwerke. Bürgerliche Zitierkultur in den späten Romanen Fontanes und Flauberts. 1998.

Band 30 Gerlinde Anna Wosgien: Literarische Frauenbilder von Lessing bis zum Sturm und Drang. Ihre Entwicklung unter dem Einfluß Rousseaus. 1999.

Band 31 Cornelia Voss: Textgestaltung und Verfahren der Emotionalisierung in der BILD-Zeitung. 1999.

Band 32 Birgit Roser: Mythenbehandlung und Kompositionstechnik in Christa Wolfs *Medea. Stimmen*. 2000.

Band 33 Maximilian Giuseppe Burkhart: Dekonstruktive Autopoiesis – Paradoxe Strukturen in Kleists Trauerspiel *Penthesilea*. 2000.

Band 34 Die Struktur medialer Revolutionen. Festschrift für Georg Jäger. Herausgegeben von Sven Hanuschek, Nina Ort, Kirsten Steffen und Rea Triyandafilidis. 2000.

Band 35 Melanie Klier: *Kunstsehen* – Literarische Konstruktion und Reflexion von Gemälden in E.T.A. Hoffmanns *Serapions-Brüdern* mit Blick auf die Prosa Georg Heyms. 2002.

Band 36 Anne-Cécile Foulon: *De l'art pour tous*. Les éditions F. Bruckmann et leurs revues d'art dans Munich ville d'art vers 1900. 2002.

Band 37 Simon Bunke: Figuren des Diskurses. Studien zum diskursiven Ort des unteren Figurenpersonals bei Fontane und Flaubert. 2005.

Band 38 Daniel Krause: *Postmoderne* – Über die Untauglichkeit eines Begriffs der Philosophie, Architekturtheorie und Literaturtheorie. 2007.

Band 39 Oliver Jahraus / Marcel Schellong / Simone Hirmer (Hrsg.): Beobachten mit allen Sinnen. Grenzverwischungen, Formkatastrophen und emotionale Driften. Eine Festschrift für Bernd Scheffer. 2008.

Band 40 Frank-Uwe Straßner: Gegenwart und Gegenwelten im Deutschlandbild Thomas Manns. 2010.

Band 41 Tanja Prokić / Anne Kolb / Oliver Jahraus (Hrsg.): Wider die Repräsentation. Präsens/z Erzählen in Literatur, Film und Bildender Kunst. 2011.

Band 42 Harald Münster: Das Buch als Axt. Franz Kafka differenztheoretisch lesen. 2011.

www.peterlang.de